板チョコから100のお菓子

小川智美

瀬谷出版

もくじ

板チョコのいろいろと重さ……6　　道具とポイント……8

Part1　おつかれさまのチョコスイーツ……11

ホットチョコドリンク4種……12〜15
ホットコーヒーチョコのアイスのっけ、チョコたっぷり、レンジで、お酒を入れた

ぱりぱりチョコ3種……16〜17
雪の結晶、桜の花びら、マーブルもよう

チョコトッピング2種……18〜19
フルーツ、キャラメル

ナッツチョコ3種……20〜21
カシューナッツ、くるみ、アーモンド

トリュフ1種……22〜23
スイートポテト

Part2　いっしょにつくろ……25

チョコクッキー5種……26〜29
基本、メッセージ、レーズンサンド、スティック、ジャムサンド

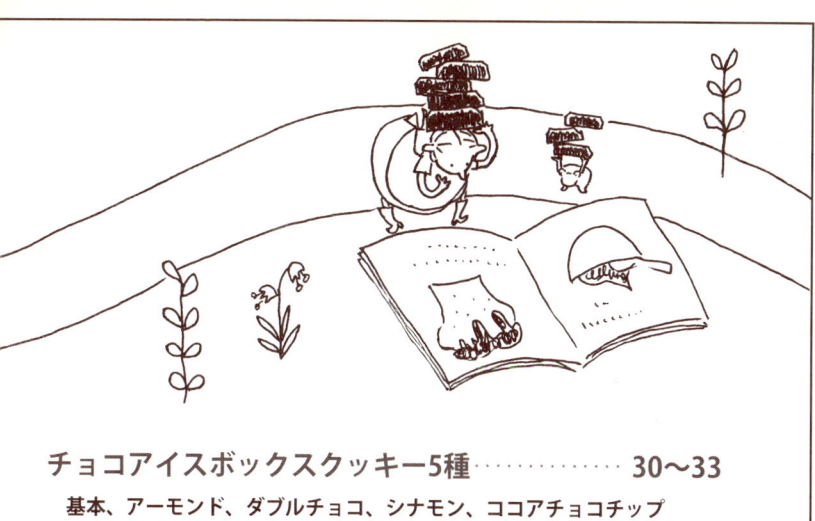

チョコアイスボックスクッキー5種 ·········· 30〜33
基本、アーモンド、ダブルチョコ、シナモン、ココアチョコチップ

チョコドロップクッキー5種 ·········· 34〜37
基本、シナモンカフェ、きなこ入り、
アーモンドココア、ピーナッツ

チョコフォンデュ5種 ·········· 38〜39
いちご、バナナ、クッキー、パイ、マシュマロ

チョコクレープ4種 ·········· 40〜43
基本、アイス添え、ダブルチョコ、バナナ

Part3　暑い日にも ·········· 45

アイスチョコドリンク2種 ·········· 46〜47
ジェラート風、豆乳入りコーヒー

フルーツチョコアイス3種 ·········· 48〜49
バナナ、いちご、オレンジ

チョコアイス6種 ·········· 50〜53
基本、チョコチップ、ホワイトチョコ、マーブル、きび砂糖、
きび砂糖のピーナッツ

チョコムース2種 ·········· 54〜55
濃厚、ホワイトチョコ

Part4　ラブラブチョコレート……57

チョコタルト3種……58〜61
ひんやり濃厚、ひんやりチーズ、焼きチョコバナナ

チョコプリン2種……62〜63
プディング、コーヒープリンのチョコソース

チョコマフィン5種……64〜67
ダブルチョコ、スパイス、アーモンド、
レモンとホワイトチョコ、オレンジ

Part5　大好きなひとといっしょに……69

2人のチョコスフレ2種……70〜73
プレーン、チーズ

2人のガトーショコラ3種……74〜75
基本、くるみ入り、チョコソース

チョコブラウニー5種……76〜79
基本、ココナッツ、ホワイトチョコチップ、
アーモンド、くるみ入りヘルシー

Part6　大好きなひとにプレゼント ……… 81

ガナッシュ10種 …………………………… 82〜89
基本、黒糖きなこ、ツートン、紅茶、抹茶、コーヒー、いちご、
チーズ、オレンジ、キャラメルピーナッツ

チョコバー5種 ……………………………… 90〜93
アーモンド、マシュマロ、ココナッツ、ホワイトチョコ、フルーツ

ドロップチョコ5種 ………………………… 94〜97
基本、くるみ、バナナ、ホワイトチョコ、ココナッツ

Part7　おひさまのしたで ……… 101

チョコドーナッツ5種 ……………………… 102〜105
基本、チョコチップ、ダブルチョコ、ココナッツ、
シナモン入りホワイトチョコ

チョコスコーン5種 ………………………… 106〜109
基本、オレンジ、チョコチップ、アーモンド、ダブルチョコ

板チョコQ＆A　❶……24　❷……44　❸……56
　　　　　　　　　❹……68　❺……80　❻……100

ラッピングアイディア……98〜99

板チョコのいろいろと重さ

コンビニでも買える板チョコたちの1枚、1かけは何グラム?

はからなくてもだいたいの重さがわかります。

明治チョコ ミルク・ブラック
1枚　70g
1かけ　5g弱

森永ダースチョコ ミルク・ビター・ホワイト
1箱12粒入り　50g
1粒　4g強

ロッテガーナチョコ ミルク・ブラック
1枚　75g
1かけ　3g

この本では、板チョコ＝ミルクチョコを基本にしていますが、お好きな板チョコでどうぞ。

私にとって、いちばん手に入りやすく、お菓子もつくりやすかったのは明治ミルクチョコと、森永ダースのホワイトチョコでした。輸入品も含めていろいろつくってみて、あなたのお気に入りを見つけてくださいね。

道具とポイント

板チョコのお菓子はとにかくかんたん。今ある道具で、まずトライ！

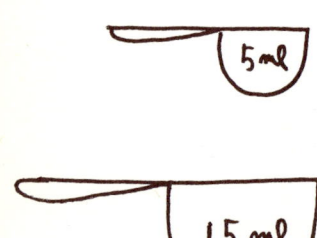

**小さじ=5㎖
大さじ=15㎖**

やまもりにしないでふちのところまで材料を入れてはかります。

**ハンドミキサー
泡立て器**

卵を泡立てたり、材料をまぜたりするのに便利。

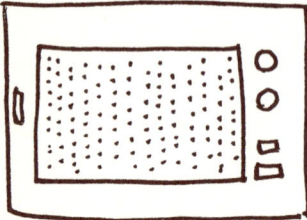

電子レンジ・オーブン

お菓子をつくるのがグッとラクに、じょうずに、楽しくなるすぐれもの。1台でレンジとオーブンの両方が使えるものも。

板チョコをきざむ

ナイフでこまかく切るか、手でパキパキ小さくわります。

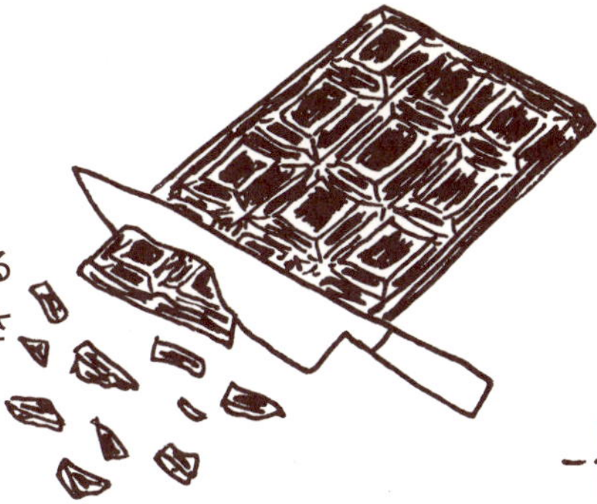

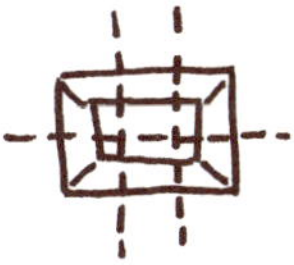

電子レンジで板チョコをとかす

ラップなしでもできるので、手軽です。（→p.24、44）

湯せん

ちょっと熱めのお湯を入れたボウルに材料の入ったボウルをかさねて、あたためます。
板チョコをとかすのも、レンジのかわりにこれでできます。

メレンゲ

卵白と砂糖をピンとツノが立つくらい、しっかり泡立てます。

> ## この本は、まるごと1冊
> ## 板チョコでつくるお菓子の本です。

1枚の板チョコから、おいしさは無限大。
みんな大好きな板チョコが、
100のお菓子に姿を変えます。
道具や材料がそろっていなくても平気。
はじめてさんも、ぶきっちょさんも心配しないで。
ほんのちょっとの手間と時間で
びっくりするほどのおいしさに出合えるはず!
作りかたはとても簡単。
おやつだって、プレゼントだって、
みんなあなたの手から生まれるのです。
ほわんとしたできたてのお菓子があって、
大好きな人といっしょにすごす時間は
いつだってポカポカ。
「お菓子づくり大好き!」のきっかけになりますように…。

小川　智美

Part 1

おつかれさまの
チョコスイーツ

ホット
チョコ
ドリンク
4種

ホットコーヒーチョコの
アイスのっけ

材料（1人分）
ブラックコーヒー…コーヒーカップ1杯
板チョコ※…10g（きざむ→p.9）
バニラアイス…好みの量
作り方
あつあつのコーヒーにチョコをまぜ、
アイスを入れる。

チョコたっぷりのホットチョコ

材料（2人分）
A [板チョコ…70g（きざむ→p.9）
   水…大さじ2]
牛乳…200㎖　マシュマロ…好みの量

作り方
小鍋にAを入れて弱火でまぜながらチョコをやわらかくし、牛乳も入れてフツフツしてきたら火をとめ、カップにつぎわけて、マシュマロを入れる。

Memo
板チョコの量は好みで調整を。

レンジでホットチョコ

材料（1人分）

A
- 板チョコ…10g（きざむ→p.9）
- 砂糖かはちみつ…小さじ1
- 熱湯…大さじ1

牛乳…100ml

作り方

Aをカップに入れて電子レンジ600Wに40秒ほどかけ、スプーンでよくまぜて、チョコがとけたら牛乳を入れてまぜ、レンジに40秒ほどかけて、フツフツしてきたらすぐとりだす。

お酒を入れたホットチョコ

材料（1人分）

「レンジでホットチョコ」と同じ。
ほかにブランデーかラム酒2～3滴

作り方

上の「レンジでホットチョコ」のしあげに、お酒をふる。

ぱりぱり
チョコ
3種

雪の結晶チョコ

材料
板チョコ ■ …40g（きざむ→p.9）
粉砂糖…少し

作り方
❶ チョコを器に入れて電子レンジ600Wに1分20秒ほどかけてスプーンでよくまぜてとかす。
❷ ❶をポリ袋に入れてはさみではしを斜めにほんの少し（1mmほど）切り、ラップかアルミ箔に結晶の形をしぼり出す。冷蔵庫でかためて粉砂糖をふる。

Memo
竹ぐしをペンのようにチョコにつけて描くこともできます。

桜の花びらチョコ

材料
ホワイト板チョコ ▦ …40g　桜の塩漬け…少し

作り方
❶ 桜の塩漬けはざっと洗い、花びらを水に30分ほどうかべてよく塩抜きし、キッチンペーパーでくるんで水分をとる。
❷ 右の「マーブルもようのチョコ」と同じくチョコをとかしてのばし、スライスチーズくらいにかたまったらラップをはずして桜をペタペタはる。冷蔵庫でかためて好きな形にわる。

マーブルもようのチョコ

材料
板チョコ■、ホワイト板チョコ▦…各20g

作り方
❶ ラップ（約20×20cm）、チョコ2種、ラップを重ねて電子レンジ600Wに1分ほどかけて、チョコがやわらかくなったらとりだす。
❷ ラップの上から手のひらで押して、全体を約2mmのうすさにする。白黒マーブルになる。
❸ スライスチーズくらいにかたまったら上のラップをはがし、クッキー型などで好きな形に抜き、冷蔵庫でカチカチにかためる。

Memo
抜き型を使わずナイフで好きな形に切ったり、かためてから手でラフにわってもおしゃれです。

チョコ
トッピング
2種

フルーツチョコ

材料
A[板チョコ …70g（きざむ→p.9）　熱湯…大さじ2]
B[干しあんず、オレンジピールなど…合わせて10個ぐらい]

作り方
Aを器に入れて電子レンジ600Wに1分30秒ほどかけて、スプーンでよくまぜてトロトロにし、**B**を1個ずつ²⁄₃ほどつけてチョコをからめ、ラップかアルミ箔に並べて冷蔵庫でかためる。

Memo
チョコがかたまらないうちに、急いでつけてしまいます。お好みのドライフルーツで楽しんでください。

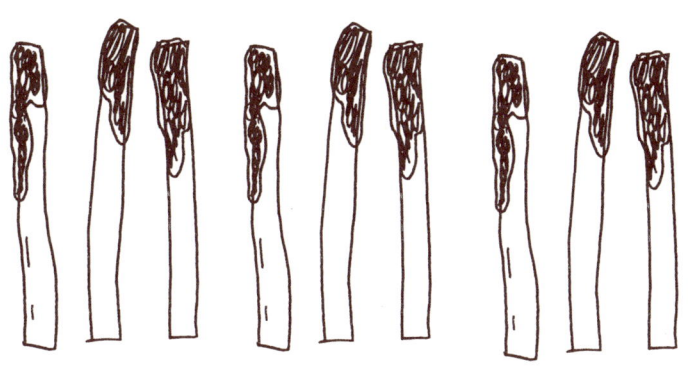

キャラメルチョコ

材料
板チョコ ▦…50g（きざむ→p.9）
熱湯…大さじ1 ━
ミルクキャラメル…12粒

作り方
キャラメルをラップかアルミ箔の上に並べる。板チョコと熱湯を器に入れて電子レンジ600Wに1分ほどかけ、スプーンでトロトロにまぜてキャラメルにかけ、冷蔵庫でかためる。

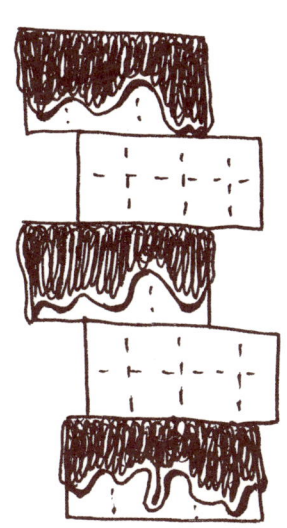

ナッツチョコ
3種

カシューナッツチョコ

材料
板チョコ ▦ …50g（きざむ→p.9）
熱湯…大さじ1
カシューナッツ（ロースト）…30〜40粒
（ティッシュで塩気をふく）

作り方
❶カシューナッツをラップかアルミ箔の上に並べる。
❷板チョコと熱湯を器に入れて電子レンジ600Wに1分ほどかけて、スプーンでトロトロにまぜ、❶にたらして、冷蔵庫でかためる。

くるみチョコ

材料
ホワイト板チョコ ▦ …50g
（きざむ→p.9）
熱湯…大さじ1
むきぐるみ（ロースト）…80g
（ティッシュで塩気をふく）

作り方
上の「カシューナッツチョコ」と同じ。

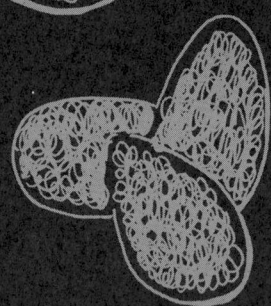

アーモンドチョコ

材料
板チョコ…50g（きざむ→p.9）
熱湯…大さじ1
アーモンド（ロースト）…30〜40粒
（ティッシュで塩気をふく）
A［砂糖…45g　水…大さじ1］

作り方
❶ Aを小鍋に入れて弱火にかけ、あめ色になったら火をとめてアーモンドを入れて急いでからめる。3〜4粒ずつスプーンですくって、アルミカップに入れてかためる。

> **Memo**
> あめにさわるとやけどをするので、
> スプーンをつかって。

❷ 板チョコと熱湯を器に入れて電子レンジ600Wに1分ほどかけて、スプーンでトロトロにまぜ、❶にたらして冷蔵庫でかためる。

トリュフ
1種

スイートポテトトリュフ

材料

さつまいも　200g

A
- ホワイト板チョコ⊞…20g（きざむ→p.9)
- 砂糖…30g　バター…30g　卵黄…1個
- 生クリーム…80㎖

作り方

❶ さつまいもは皮をむいて約1cmの輪切りにし、大きめのタッパーに入れて電子レンジ600Wに4～5分ほどかけ、やわらかくする。

❷ ❶をすりこぎや小ビンなどでよくつぶし、Aの材料を順番にまぜていく。

Memo
おいもがさめるとまざりにくくなるので、あたたかいうちにササッと!

❸ ❷を15個に分けて約15×15cmのラップでくるんで上をキュッとひねり、ラップをはずす。

Memo
冷蔵庫で保存します。

板チョコ Q & A ❶

Q. 板チョコを電子レンジでとかすときのポイントは?

A. レンジのタイプ、チョコの温度と大きさ、器によってとけるまでの時間が変わります。冷えたチョコや厚いマグカップを使うと長くかかります。レシピの時間をめやすにして、レンジにかける長さを調整してください。

Part 2

いっしょにつくろ

チョコ
クッキー
5種

基本のチョコクッキー

材料

A［ 薄力粉…280g　ベーキングパウダー…小さじ¼ ］

B［ バター…150g　砂糖…60g
　　とき卵…1個　バニラエッセンス…2〜3滴 ］

板チョコ■…30g（きざむ→p.9）

作り方
❶ Ⓐは合わせてふるい、バターは冷蔵庫から出してやわらかくしておく。
❷ ボウルにバターを入れてⒷの残りを順番に加え、そのつど泡立て器でよくまぜ合わせる。

> **Memo**
> このとき卵を少しずつ加えてよくまぜると、きれいにまざります。

❸ Ⓐを加えて木ベラでサックリとまぜ合わせてラップをかけ、冷蔵庫で30分冷やす。
❹ 生地をまとめて、薄力粉（材料外）を少しふった台の上でめん棒か手で5mmの厚さにのばす。
❺ 好きな形に切り、クッキングシートかアルミ箔をしいた天板にすきまをあけて並べ、170度のオーブンで約15分焼く。
❻ 板チョコを器に入れて、電子レンジ600Wに1分ほどかけてまぜ、クッキーに好きなもようを描く。こまかいもようは竹ぐしをチョコにひたして描く。

チョコメッセージクッキー

材料（12枚分）
上の「基本のチョコクッキー」と同じ
作り方
上の「基本のチョコクッキー」と同じ。ただし❺で9×12cmの長方形に切り、すみの方に竹ぐしで1か所穴をあけて焼き、❻でとかしたチョコに竹ぐしをつけてメッセージを書く。穴にリボンを通してでき上がり。

レーズンチョコサンドクッキー

材料（24個分）
- **A** [薄力粉…280g　ベーキングパウダー…小さじ¼]
- **B** [バター…150g　砂糖…60g
　　とき卵…1個　バニラエッセンス…2〜3滴]
- **C** [ホワイト板チョコ…100g（きざむ→p.9）
　　生クリーム…50ml]

ラム酒…小さじ1　レーズン…50g

作り方

❶ p.27「基本のチョコクッキー」❶〜❺と同じ。ただし❺で4×12cmの長方形に切って、170度のオーブンで13分焼く。

❷ **C**を電子レンジ600Wに1分30秒ほどかけ、スプーンでよくまぜ、ラム酒、レーズンを加えてクッキーでサンドする。

スティックチョコクッキー

材料（40個分）
上の「レーズンチョコサンドクッキー」**A** **B**と同じ
板チョコ…70g（きざむ→p.9）

ジャムサンドチョコクッキー

材料（直径約5cmの花の抜き型30個分）
左の「レーズンチョコサンドクッキー」🅐🅑と同じ
ホワイト板チョコ ⊞…50g（きざむ→p.9）
好みのジャム…少し

作り方
p.27「基本のチョコクッキー」と同じ。ただし❺で花型に抜いて焼き、❻でクッキーにジャムをサンドする。ホワイトチョコを電子レンジ600Wに1分30秒ほどかけてよくまぜ、スプーンでクッキーにたらす。

作り方
❶ p.27「基本のチョコクッキー」❶〜❺と同じ。ただし❺で2×15cmの長方形に切って180度のオーブンで約10分焼く。
❷ 板チョコを電子レンジ600Wに2分ほどかけてスプーンでまぜ、❶にたらす。

基本のチョコアイスボックスクッキー

材料（約35枚分）

A［薄力粉…150g　ベーキングパウダー…小さじ1］

B［バター…100g　砂糖…50g　卵黄…1個
バニラエッセンス…2〜3滴
板チョコ…60g（きざむ→p.9）］

作り方

❶ **A**は合わせてふるい、バターは冷蔵庫から出してやわらかくする。

❷ ボウルにバターを入れ、**B**の残りを順番に加えて、そのつどよく泡立て器でまぜる。

❸ **A**を加えて木ベラでサックリとまぜ、ラップをかけて冷蔵庫で30分冷やす。

❹ 生地を手でまとめて、薄力粉（材料外）を少しふった台の上で直径4cmの棒状や角柱など好きな形にまとめる。ラップでくるんで冷凍庫で30分〜1時間かため、5mmの厚さに切って180度のオーブンで12〜13分焼く。

✎ Memo

冷凍庫で保存して、食べたい分だけ切って焼ける楽しいクッキーです。

アーモンドチョコの
アイスボックスクッキー

材料

A [薄力粉…150g　ベーキングパウダー…小さじ1]

B [バター…100g　砂糖…50g　卵黄…1個
バニラエッセンス…2〜3滴
板チョコ ▦…60g（きざむ→p.9）
アーモンド（ロースト）…60g
（ティッシュで塩気をふいて、くだく）]

作り方　p.31「基本のチョコアイスボックスクッキー」と同じ。

ダブルチョコの
アイスボックスクッキー

材料
上の「アーモンドチョコアイスボックスクッキー」と同じ
ただしBの板チョコは、ホワイト板チョコ、ミルク板チョコ　各40g（きざむ→p.9）にかえ、アーモンドは入れない。

作り方　p.31「基本のチョコアイスボックスクッキー」と同じ。

シナモンチョコの
アイスボックスクッキー

材料
右の「ココアチョコチップのアイスボックスクッキー」と同じ
＋
A [シナモンパウダー…小さじ⅓]
B [ホワイト板チョコ▦…50g（きざむ→p.9）　レーズン…30g]

作り方　p.31「基本のチョコアイスボックスクッキー」と同じ。
　　　　　ただし❷でレーズンをチョコ2種のあとに加える。

ココアチョコチップの
アイスボックスクッキー

材料

A [薄力粉…130g　ベーキングパウダー…小さじ1
　　ココアパウダー（無糖）…20g]

B [バター…100g　砂糖…50g　卵黄…1個
　　板チョコ…60g（きざむ→p.9）]

作り方

p.31「基本のチョコアイスボックスクッキー」と同じ。

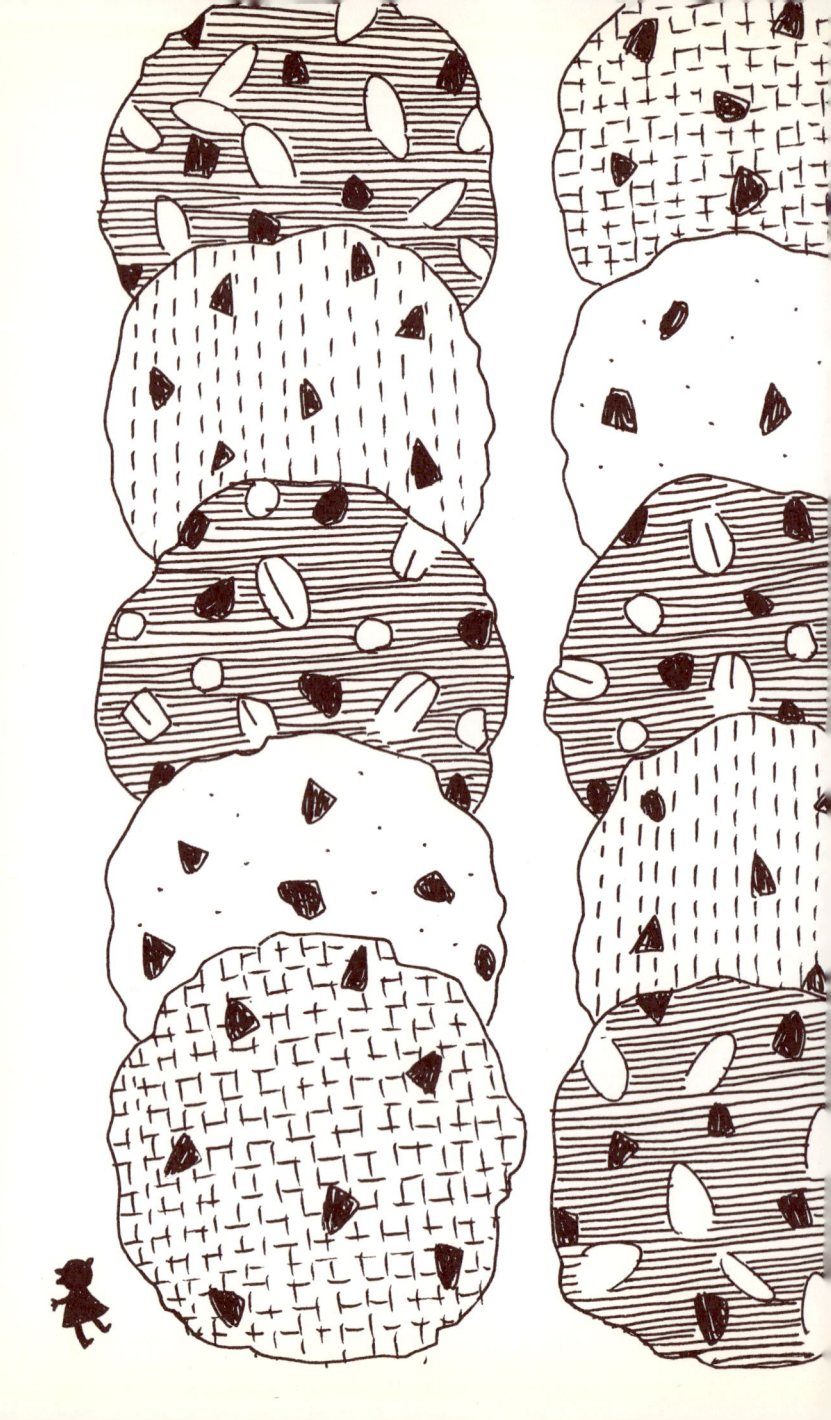

○チョコ
ドロップ
クッキー
5種

基本のチョコドロップクッキー

材料（20枚）
🅐［薄力粉…120g　ベーキングパウダー…小さじ½　］
🅑［バター…80g　砂糖…60g　とき卵…1個
　　バニラエッセンス…2〜3滴
　　板チョコ■…50g（きざむ→p.9）　　　　　　　］

作り方

❶ 🅐は合わせてふるい、バターは冷蔵庫から出してやわらかくする。

❷ ボウルにバターを入れ、🅑の残りを順番に入れてそのつど泡立て器でよくまぜる。

📖 Memo
とき卵は少しずつ入れるときれいにまざります。

❸ 🅐を加えて木ベラでサックリまぜ、ラップをかけて冷蔵庫で約1時間冷やす。

❹ 生地を20等分して丸め、クッキングシートかアルミ箔をしいた天板にのせて、手かフォークで厚さ約7mmくらいに平らにのばす。170度のオーブンで12〜13分焼く。

📖 Memo
クッキーの厚みによって焼き時間が変わってくるので、調整してください。

シナモンカフェの
チョコドロップクッキー

材料（20枚）

A ［薄力粉…120g　ベーキングパウダー…小さじ½
　　インスタントコーヒー…小さじ1
　　シナモンパウダー…小さじ⅕］

B ［バター…80g　砂糖…60g　とき卵…1個
　　板チョコ…50g（きざむ→p.9）］

作り方
p.35「基本のチョコドロップクッキー」と同じ。

きなこ入りチョコドロップクッキー

材料（20枚）

A ［薄力粉…80g　ベーキングパウダー…小さじ½
　　きなこ…20g］

B ［バター…80g　砂糖かきび砂糖…40g　とき卵…1個
　　板チョコ…50g（きざむ→p.9）］

作り方
p.35「基本のチョコドロップクッキー」と同じ。

アーモンドココアの
チョコドロップクッキー

材料（20枚）

A
- 薄力粉…100g
- ベーキングパウダー…小さじ½
- ココアパウダー（無糖）…15g

B
- バター…80g　砂糖…60g　とき卵…1個
- 板チョコ…50g（きざむ→p.9）
- アーモンド（ロースト）…50g
- （ティッシュで塩気をふいて、くだく）

作り方
p.35「基本のチョコドロップクッキー」と同じ。

ピーナッツチョコの
ドロップクッキー

材料（20枚）

A
- 薄力粉…100g　ベーキングパウダー…小さじ½
- ココアパウダー（無糖）…15g

B
- バター…80g　砂糖…60g　とき卵…1個
- ミルク板チョコ…30g（きざむ→p.9）
- ホワイト板チョコ…30g（きざむ→p.9）
- ピーナッツ…30g（きざむ）

作り方
p.35「基本のチョコドロップクッキー」と同じ。

チョコ
フォンデュ
5種

いちご、バナナ、クッキー

材料
A [板チョコ …70g（きざむ→p.9）
　　砂糖…大さじ1　　熱湯…40㎖]
バター…5g
いちご、バナナ、クッキー、パイ、マシュマロ
…好きな量（食べやすく切る）

作り方
❶ Aを小鍋に入れて弱火にかけてまぜる。フツフツしてきたらすぐ火をとめる。
❷ バターもまぜ、好きなものをフォークでさすか手でくぐらせて食べる。

パイ、マシュマロのチョコフォンデュ

📝 Memo
お子さんが集まったときや、すぐに食べられるおやつとしても楽しんで。

基本のチョコクレープ

チョコクレープ4種

材料（5枚）
板チョコ … 5かけ
A ［薄力粉…100g　砂糖…60g
　　塩…ひとつまみ］
B ［とき卵…1個　とかしバター…30g
　　牛乳…220㎖　バニラエッセンス…2～3滴］
サラダ油…少し

作り方

❶ Aを合わせてふるってボウルに入れ、Bを順番に入れて、そのつど泡立て器でよくまぜ合わせ、こし器かザルに通してダマ（かたまり）をのぞく。

❷ よーく熱くしたフライパンにうすくサラダ油をしき、生地をお玉（玉じゃくし）1杯分入れる。フライパンを大きくまわしてうすくのばし、うらがえして反対側も焼く。

> **Memo**
> よぶんなサラダ油はティッシュでふきとると焼き色がきれいにつきます。
> ふちがかわいたようになったら、ひっくり返すタイミング！

❸ 熱いうちにチョコを1かけおいてとかし、くるっと巻くか4つに折る。

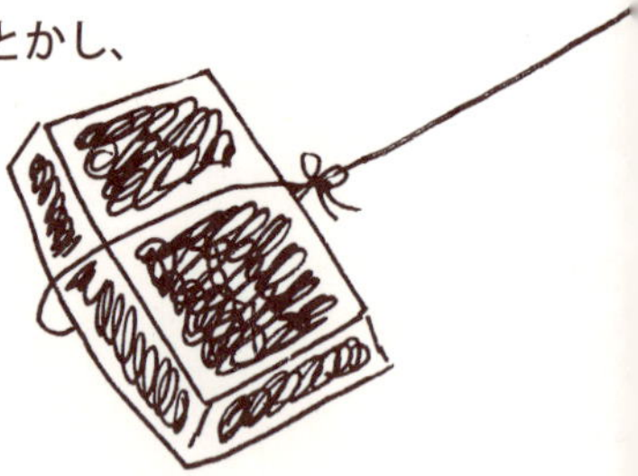

41

チョコクレープのアイス添え

材料（5枚）

板チョコ ⋯5かけ

A [薄力粉⋯100g　砂糖⋯60g
　　塩⋯ひとつまみ]

B [とき卵⋯1個　とかしバター⋯30g
　　牛乳⋯220㎖　バニラエッセンス⋯2～3滴]

サラダ油⋯少し　アイスクリーム⋯好きな量

作り方

p.40「基本のチョコクレープ」にアイスクリームを添える。

✎Memo
ほかのクレープもふくめ、1枚ずつ焼いてあつあつを食べると最高!

ダブルチョコクレープ

材料（5枚）

板チョコ ⋯5かけ　とき卵⋯2個

牛乳⋯250㎖　サラダ油⋯少し

A [薄力粉⋯100g　砂糖⋯50g　塩⋯ひとつまみ]

B [とかしバター⋯30g　板チョコ ⋯70g（きざむ→p.9）]

作り方

❶ Aを合わせてふるってボウルに入れ、とき卵を入れて泡立て器でよくまぜあわせる。

❷ Bを合わせて電子レンジ600Wに40秒ほどかけてスプーンでよくまぜてとかし、❶に入れてさらにまぜあわせ、牛乳を加えて、こし器かザルに通してダマ（かたまり）をのぞく。

❸ p.40「基本の…」❷、❸と同じに焼いて、チョコをくるむ。

バナナチョコクレープ

材料（5枚）
左下の「ダブルチョコクレープ」と同じ
＋バナナの輪切りを好きな量

作り方
左下の「ダブルチョコクレープ」にバナナをサンドする。

板チョコ **Q & A ❷**

Q. 板チョコはどれくらいとかすの?

A. とろっとした感じになったらOK。グツグツふっとうさせてしまうと、ツヤがなくなったり口当たりがわるくなることも。とかしたあとスプーンで20回以上ぐるぐるかきまぜて、ツヤツヤトロトロなめらかにします。

Part 3

暑い日にも

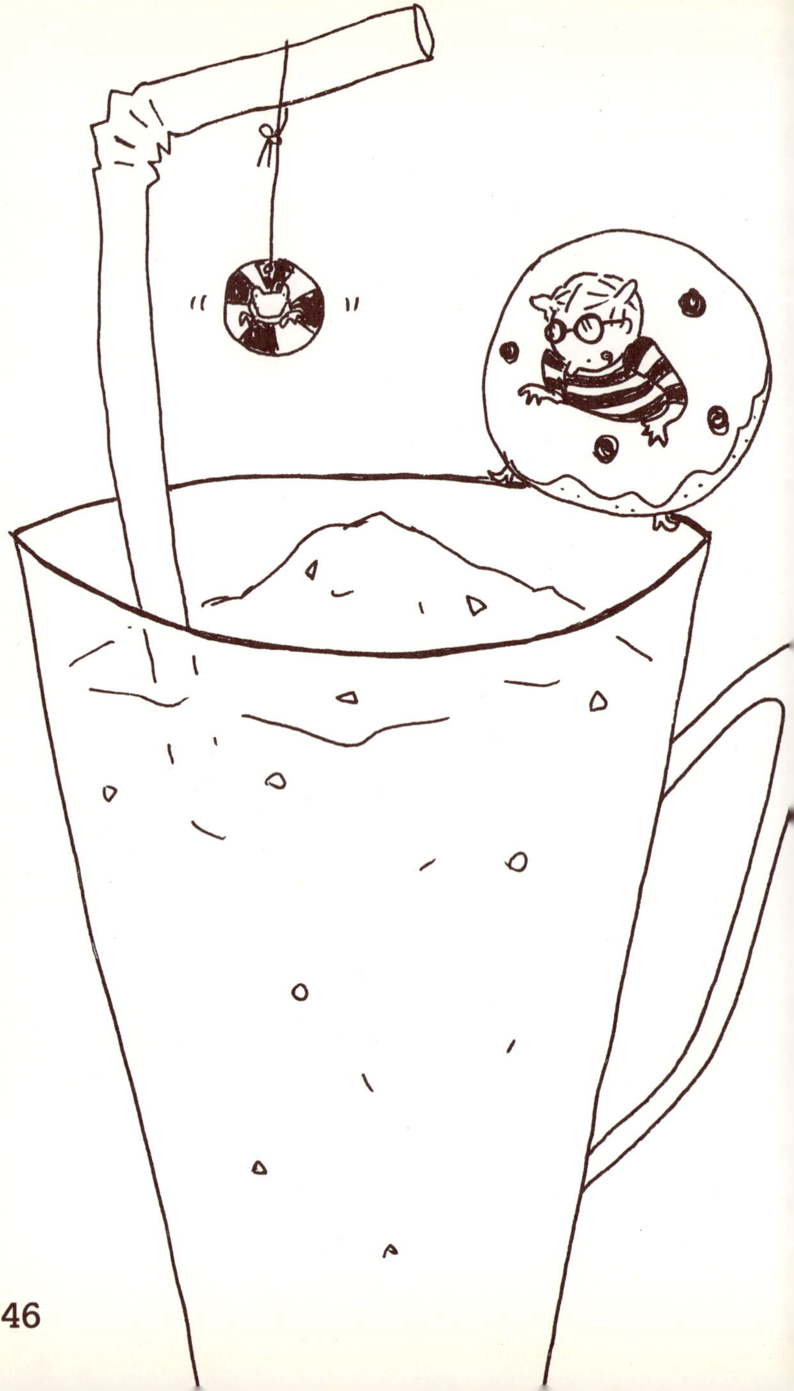

アイスチョコドリンク2種

ジェラート風チョコドリンク

材料（3人分）
Ⓐ[板チョコ…40g（きざむ→p.9）　熱湯…大さじ2]
バニラアイスクリーム…大さじ2
氷…軽く1カップ　牛乳…100㎖

作り方
Ⓐを電子レンジ600Wに30秒かけて、スプーンでよくまぜ、残りの材料といっしょにジューサーにかける。

豆乳入りコーヒーチョコドリンク

材料（3人分）
Ⓐ[板チョコ…40g（きざむ→p.9）　熱湯…大さじ2]
Ⓑ[豆乳…100㎖　牛乳…100㎖
　　インスタントコーヒー…小さじ2]

作り方
❶ Ⓑをまぜて製氷皿に入れて、冷凍庫でかためる。
❷ Ⓐを合わせて電子レンジ600Wに1分ほどかけてスプーンでよくまぜ、❶といっしょにジューサーにかける。

Memo
ジューサーがまわりにくいときは、
牛乳を少し加えてみてください。

フルーツ
チョコアイス
3種

バナナ、いちご、オレンジの チョコアイス

材料

A［ブラック板チョコ …70g（きざむ→p.9）
　　熱湯…大さじ2　　　　　　　　　　　］
バナナ、いちご、オレンジ…好きな量

作り方

❶ フルーツは一口サイズに切って、つまようじをさして冷凍庫でカチカチにかためる。

❷ Aを器に入れて電子レンジ600Wに1分30秒かけ、スプーンでトロトロにまぜ、フルーツをくぐらせてほぼかたまったら、冷凍庫に入れてカチカチにする。

Memo
板チョコはブラックを使わないとパリパリにかたまりません。

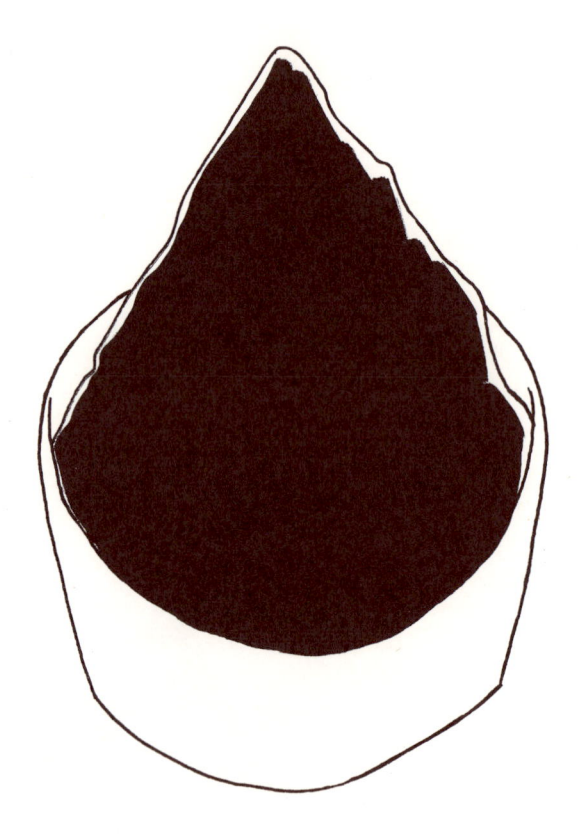

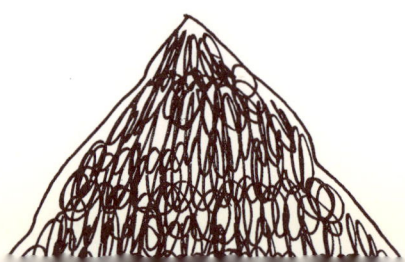

チョコアイス
6種

50

基本のチョコアイス

材料
A [板チョコ ▦▪ …100g（きざむ→p.9）
　　生クリーム…100mℓ]
B [とき卵…1個　砂糖…大さじ1]

作り方
❶ **A**を合わせて電子レンジ600Wに1分30秒かけ、スプーンでトロトロによくまぜる。

❷ **B**をボウルに入れ、湯せん（→p.9）にかけながら、ハンドミキサーで白っぽくなるまで約5分、泡立てる。

> **✎Memo**
> よく泡立てることで、ふんわり軽いアイスクリームができます。

❸ ❶を❷に入れてよくまぜ、タッパーにうつして、冷凍庫で3～4時間かためる。

チョコチップアイス

材料
上の「基本のチョコアイス」と同じ
＋
板チョコ ▦▦ …70g（きざむ→p.9）

作り方
上の「基本のチョコアイス」と同じ。かたまったら、チョコを加えてさらにまぜる。

ホワイトチョコアイス

材料
- A [ホワイト板チョコ …100g（きざむ→p.9）
     生クリーム…100mℓ]
- B [とき卵…1個　砂糖…大さじ1]

作り方
p.51「基本のチョコアイス」と同じ。

マーブルチョコアイス

材料
上の「ホワイトチョコアイス」と同じ
　　　　　　＋
- C [板チョコ …70g（きざむ→p.9）
     生クリーム…50mℓ]

作り方
❶ 上の「ホワイトチョコアイス」をつくる。
❷ Cを合わせて電子レンジ600Wに1分ほどかけ、スプーンでトロトロにまぜ、❶に加えてマーブル状にする。

きび砂糖のチョコアイス

材料
🅐［ココアパウダー（無糖）…40g　きび砂糖…80g］
熱湯…200㎖　板チョコ🍫…30g（きざむ→p.9）

作り方
❶ 🅐をタッパーに入れてまぜ、熱湯を少しずつ加えてはときのばすようにまぜる。
❷ 冷凍庫で2～3時間、冷やしかためる。その間2～3回、フォークで空気をたっぷりふくませるようにまぜて、ふわっとさせる。
❸ チョコをまぜ合わせる。

きび砂糖の
ピーナッツチョコアイス

材料
上の「きび砂糖のチョコアイス」と同じ
＋
ピーナッツ（ロースト）…20g（きざむ）

作り方
上の「きび砂糖のチョコアイス」と同じ。かたまったら、きざんだピーナッツもまぜる。

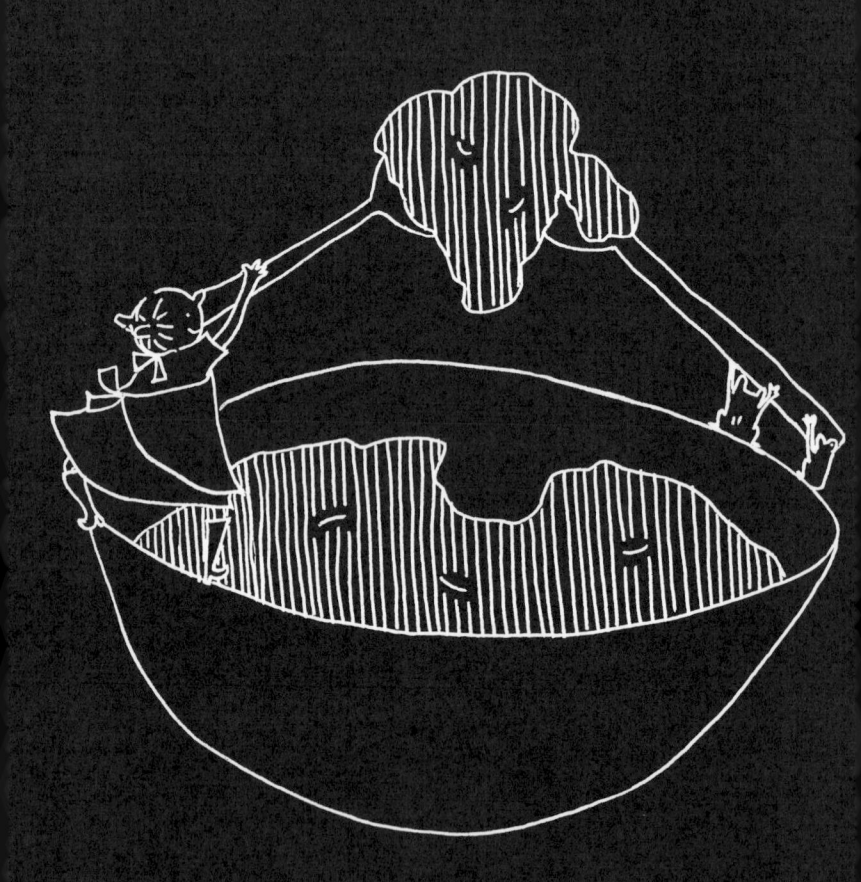

チョコムース
2種

濃厚チョコムース

材料

A [板チョコ …140g（きざむ→p.9）
　　生クリーム…100mℓ]

B [とき卵…1個　砂糖…大さじ1]

作り方

❶ Aを電子レンジ600Wに2分ほどかけ、スプーンでトロトロにまぜる。

❷ Bを合わせてボウルに入れ、湯せん（→p.9）にかけてハンドミキサーで約5分、白っぽくなるまで泡立てる。

❸ ❷に❶を加えて泡をけさないように大きくまぜて器に流し、ラップをして冷蔵庫で2～3時間冷やしかためる。

> **Memo**
> ❸でまぜすぎると、ペチャンコに。フワフワのムースにするために、全体がチョコ色になったらまぜ終わり。

ホワイトチョコムース

材料

A [ホワイト板チョコ …150g（きざむ→p.9）
　　生クリーム…100mℓ]

B [とき卵…1個　砂糖…大さじ1]

いちご…1パック（飾り用3粒をのぞいてたて半分に切る）

作り方

❶ 上の「濃厚チョコムース」と同じようにムース生地をつくる。

❷ いちごを器の底に並べてムース生地を流し、ラップをして冷蔵庫で2～3時間冷やしかためる。いちご3粒をかざる。

板チョコ Q&A ❸

Q. どんな砂糖を使うの?

A. グラニュー糖でも上白糖でもきび砂糖でもお好きなものを。ダマ（小さいツブツブ）は手でよけるか、一度ふるってとりましょう。

Part 4
ラブラブチョコレート

チョコタルト
3種

ひんやり濃厚チョコタルト

材料（直径15cmくらいの浅い皿）

タルト台
- A
  - リッツクラッカー …45g（くだく）
  - とかしバター …20g

チョコクリーム
- B
  - ミルク板チョコ …70g
  - ブラック板チョコ …70g
    （どちらもきざむ→p.9）
  - 生クリーム …110mℓ

卵黄…2個

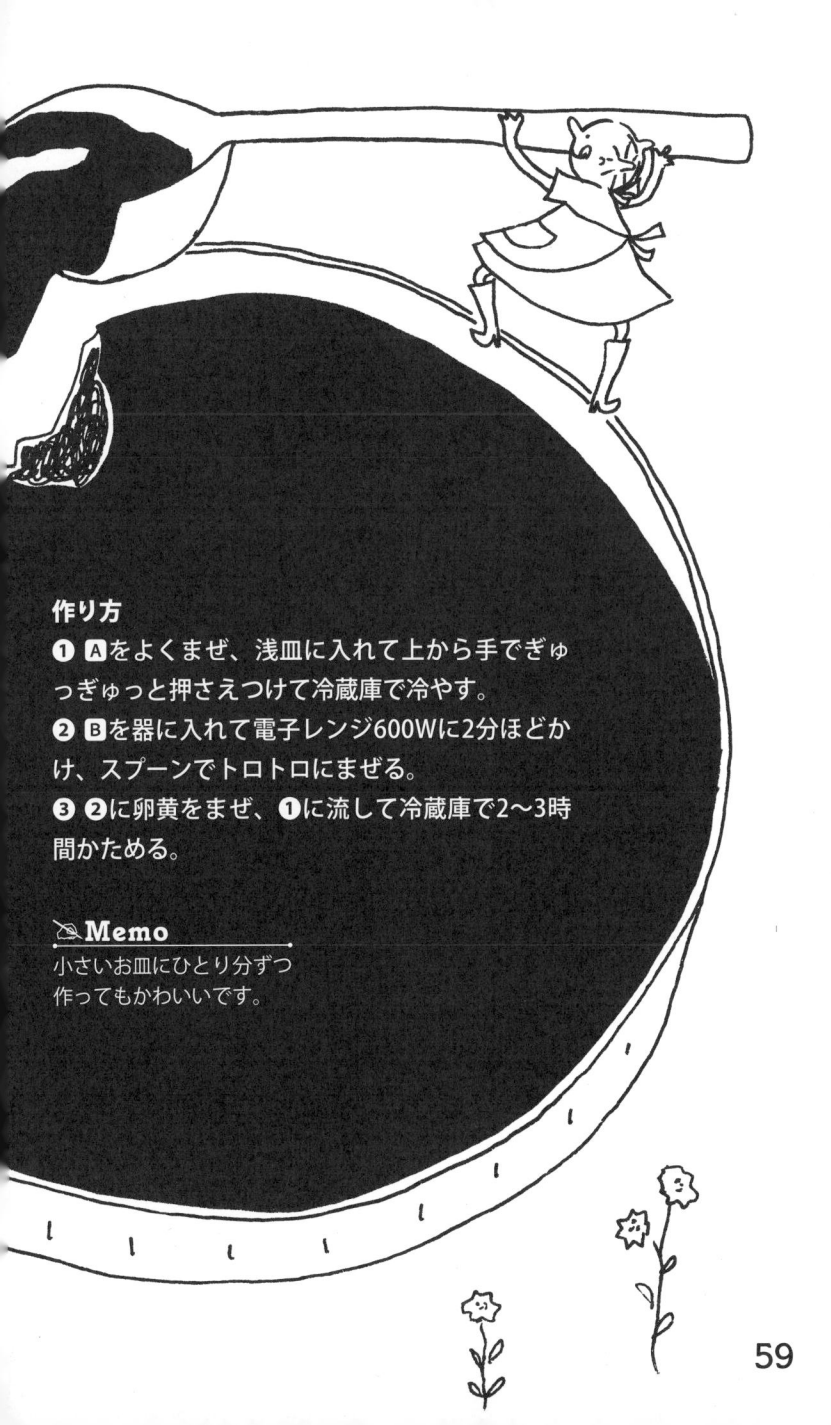

作り方
❶ Aをよくまぜ、浅皿に入れて上から手でぎゅっぎゅっと押さえつけて冷蔵庫で冷やす。
❷ Bを器に入れて電子レンジ600Wに2分ほどかけ、スプーンでトロトロにまぜる。
❸ ❷に卵黄をまぜ、❶に流して冷蔵庫で2～3時間かためる。

Memo
小さいお皿にひとり分ずつ
作ってもかわいいです。

ひんやりチーズのチョコタルト

材料（直径15cmくらいの浅い皿）
タルト台
A［リッツクラッカー…45g（くだく）
　とかしバター…20g］

チーズクリーム
　クリームチーズ…200g（冷蔵庫から出してやわらかくする）
　砂糖…30g　生クリーム…120㎖

チョコソース
B［板チョコ▩…70g（きざむ→p.9）
　生クリーム…70㎖］

作り方
❶ Aをよくまぜ、浅皿に入れて上から手でぎゅっぎゅっと押さえつけて冷蔵庫で冷やす。
❷ クリームチーズをボウルに入れて、砂糖を加えながら泡立て器でよくまぜあわせる。
❸ 生クリームを角が立つまで泡立てる。
❹ ❷に❸を加えてよくまぜ、❶に流して冷蔵庫で2～3時間かためる。
❺ Bを合わせて電子レンジ600Wに1分ほどかけてスプーンでよくまぜ、ソースをつくる。上から、ソースをたらす。

焼きチョコバナナタルト

材料（直径15cmのタルト型か浅い耐熱皿1台分）

タルト台
- A[薄力粉…100g　ベーキングパウダー…小さじ½
  砂糖…大さじ1　塩…ひとつまみ]
- バター…60g　水…大さじ1

チョコクリーム
- B[板チョコ…70g（きざむ→p.9）　生クリーム…70mℓ]
- C[とき卵…1個　ココアパウダー（無糖）…15g]
- バナナ…1本（薄切り）

作り方

❶ Aを合わせてふるってボウルに入れ、冷えたバターを1cm角に切って加え、木ベラでつぶすようにまぜて、さらさらになったら水を加えてまとめる。ラップをして冷蔵庫で30分冷やす。

❷ 台に薄力粉（材料外）を少しふって、生地をめん棒で5mmの厚さにのばし、型にしきこんでフォークでポツポツ穴をあける。

❸ 180度のオーブンで約15分焼く。

❹ Bを合わせて電子レンジ600Wに1分ほどかけてスプーンでまぜ、Cを順番に加えてそのつどよくまぜる。

❺ ❹を❸のタルト台に流してバナナをかざり、180度のオーブンで10〜15分焼く。

コーヒープリンのチョコソース

材料（カップ5個分）

粉ゼラチン…5g

A [牛乳…250㎖　生クリーム…60㎖　砂糖…30g
インスタントコーヒーの粉…6g]

B [板チョコ…15g（きざむ→p.9）　生クリーム…30㎖]

チョコプディング

材料（耐熱カップ4個分）
🅐[板チョコ ▰▰▰ …70g（きざむ→p.9）　生クリーム…70㎖]
🅑[とき卵…1個　卵黄…1個]
牛乳…100㎖　板チョコ ▪▪ …4かけ

作り方
❶ 🅐を器に入れて、電子レンジ600Wに1分ほどかけ、スプーンでよくまぜる。
❷ ボウルに🅑を入れてまぜ、🅐も加えてまぜて、ぬるめの牛乳を少しずつ加えながら泡が立たないよう、そっとまぜる。
❸ こし器やザルに通して、4つのカップにつぎわけ、板チョコを1かけずつ入れて、弱火で15～20分蒸す。

作り方
❶ 粉ゼラチンは大さじ2の水にふり入れ、よくふやかす。
❷ 🅐を鍋に入れてまぜ、ゆげが出るまであたため、火からおろし❶を加えてとけるまでまぜる。
❸ こし器やザルに通して、生地をカップに流してラップをして、冷蔵庫で2～3時間冷やしかためる。
❹ 🅑を合わせて電子レンジ600Wに30秒ほどかけ、スプーンでまぜて❸にかける。

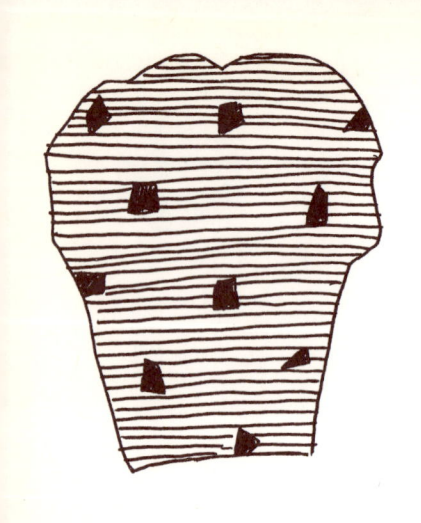

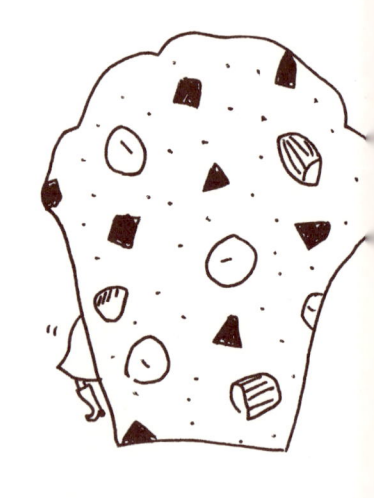

ダブルチョコマフィン

材料（6個分）

A [
薄力粉…200g
ベーキングパウダー
…小さじ1と½
ココアパウダー（無糖）…20g
砂糖…60g
]

B [とき卵…2個　牛乳…50mℓ
とかしバター…60g]

C [板チョコ …70g（きざむ→p.9）]

チョコ
マフィン
5種

作り方

❶ Aを合わせてふるってボウルに入れ、Bも加えてスプーンでまぜ、Cもまぜる。

❷ 紙をしきこむか、うすくバターをぬって薄力粉（材料外）をはたいたマフィン型に生地を流して、180度のオーブンで25〜30分焼く。

スパイスチョコマフィン

材料（6個分）

- **A**　薄力粉…200g　ベーキングパウダー…小さじ1と½
  ココアパウダー（無糖）…20g　シナモン…小さじ¼
  砂糖…60g
- **B**　とき卵…2個　牛乳…50㎖　とかしバター…60g
- **C**　板チョコ…70g（きざむ→p.9）　レーズン…40g
  ココナッツ…30g（きざむ）

作り方

p.65「ダブルチョコマフィン」と同じ。

チョコアーモンドマフィン

材料（6個分）

- **A**　薄力粉…200g　ベーキングパウダー…小さじ1と½
  砂糖…70g
- **B**　とき卵…2個　牛乳…35㎖　とかしバター…70g
  バニラエッセンス…2〜3滴
- **C**　板チョコ…70g（きざむ→p.9）
  アーモンド（ロースト）…25g
  （ティッシュで塩気をふいて、くだく）

作り方

p.65「ダブルチョコマフィン」と同じ。

レモンとホワイトチョコのマフィン

材料（6個分）

A［薄力粉…200g　ベーキングパウダー…小さじ1と½
　　砂糖…70g］

B［とき卵…2個　牛乳…35㎖　とかしバター…70g
　　バニラエッセンス…2～3滴
　　レモンの皮のすりおろし…1個分］

ホワイト板チョコ…6かけ

作り方

❶ p.65「ダブルチョコマフィン」の❶～❷と同じ。

❷ 焼きたてのマフィンに1かけずつチョコをおき、スプーンでぬってとかす。

オレンジチョコマフィン

材料（6個分）

A［薄力粉…200g　ベーキングパウダー…小さじ1と½
　　砂糖…70g］

B［とき卵…2個　牛乳…35㎖　とかしバター…70g
　　バニラエッセンス…2～3滴
　　オレンジの皮のすりおろし…1個分］

板チョコ…6かけ

作り方

❶ p.65「ダブルチョコマフィン」の❶～❷と同じ。

❷ 焼きたてのマフィンに1かけずつチョコをおき、スプーンでぬってとかす。

板チョコ Q&A ❹

Q. ナッツやドライフルーツがそろいません。

A. 手軽に買えるピーナッツやドライプルーンでも、おいしくできますよ。

Q. クッキングシートがありません。

A. クッキーなどの焼き菓子にはアルミ箔、冷やしてつくるお菓子にはラップ、アルミ箔などで工夫して。

Part 5

大好きなひとと
いっしょに

2人の
チョコスフレ
2種

プレーンチョコスフレ

材料（手のひらサイズの耐熱の器2個分）

A[板チョコ … 60g（きざむ→p.9）
　バター … 30g]

卵黄 … 1個　卵白 … 1個　砂糖 … 大さじ1
あれば粉砂糖 … 少し

作り方

❶ Aは合わせて電子レンジ600Wに1分ほどかけ、スプーンでよくまぜ、卵黄を入れてまぜる。

❷ ボウルに卵白と砂糖ひとつまみを入れて、ハンドミキサーで白っぽくなるまで泡立てる。残りの砂糖を入れながらさらに泡立てて、メレンゲ（→p.9）をつくる。

❸ ❶にメレンゲを加えて混ぜ、器2個に入れて、あれば粉砂糖をふり、170度のオーブンで約20分焼く。

Memo

粉砂糖をふって焼くと表面がカリッとして、おいしくなります。

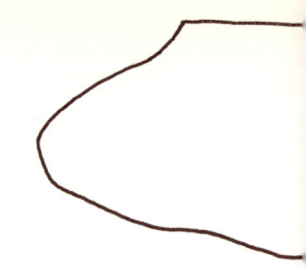

チーズチョコスフレ

材料（手のひらサイズの耐熱の器2個分）
クリームチーズ…70g
A [板チョコ…40g（きざむ→p.9）
　　熱湯…大さじ1]
卵黄…1個　卵白…1個　砂糖…20g
あれば粉砂糖…少し

作り方
❶ クリームチーズは電子レンジ600Wに30秒ほどかけてやわらかくする。
❷ Aは合わせて電子レンジ600Wに1分ほどかけてスプーンでトロトロにまぜ、卵黄を入れてまぜる。
❸ p.71「プレーンチョコスフレ」と同じようにメレンゲをつくり、❶に❷、メレンゲの順に加えてそのつどよくまぜ、器2個に入れて、あれば粉砂糖をふり、170度のオーブンで約20分焼く。

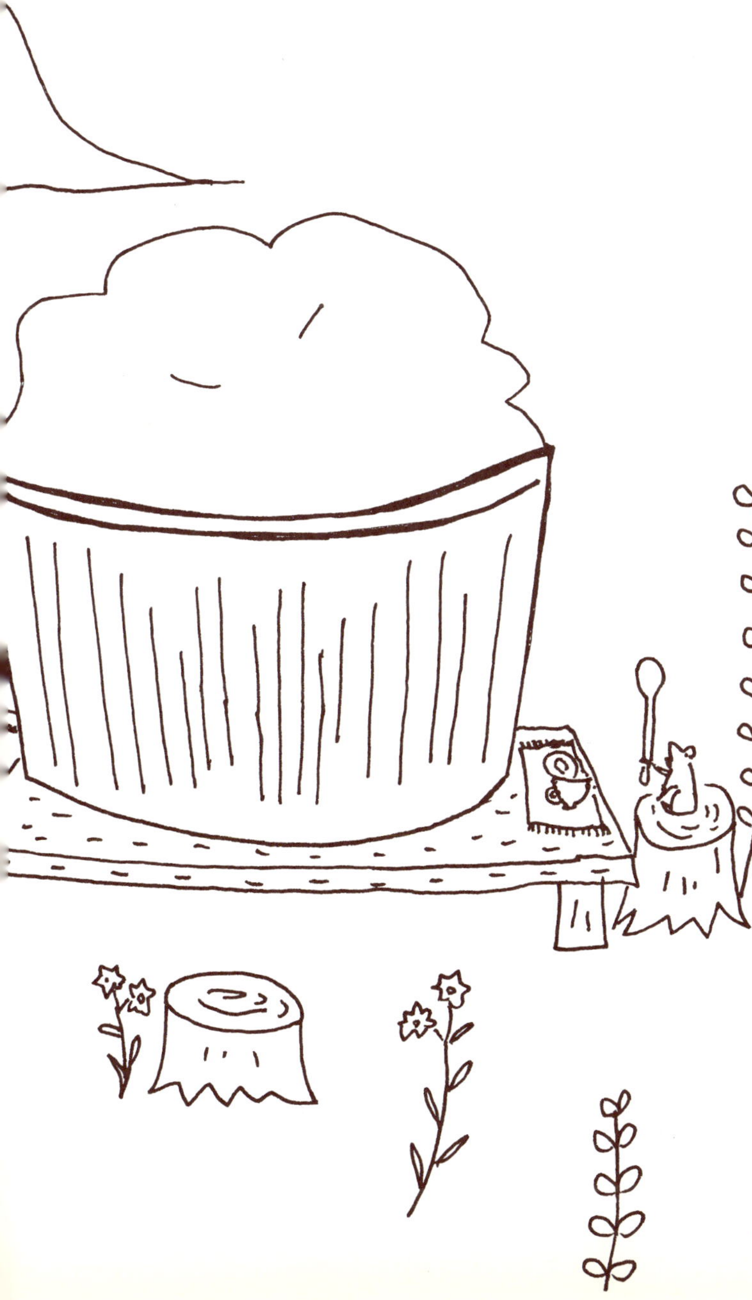

2人の
ガトー
ショコラ
3種

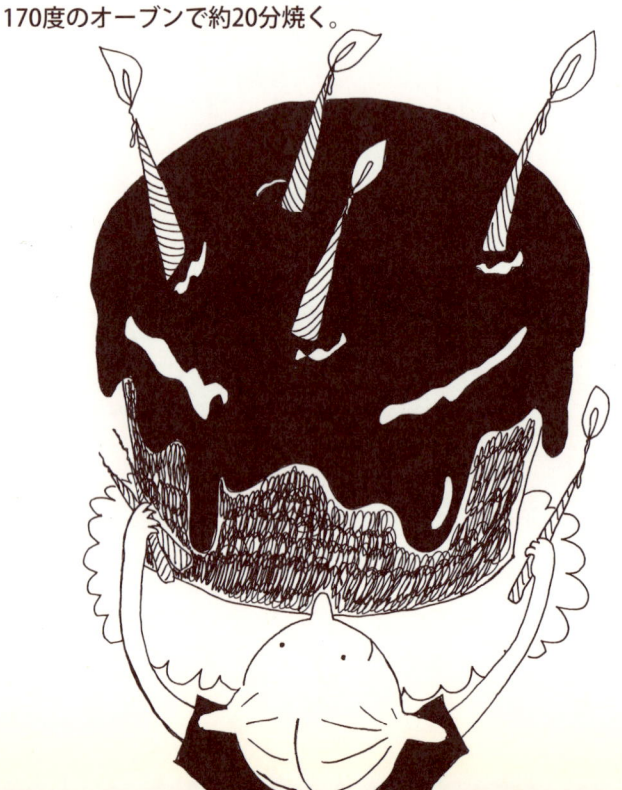

基本のガトーショコラ

材料（直径15cmの丸型か耐熱の器。2人分で1個)
A［板チョコ …70g （きざむ→p.9）
　　バター…40g ］
B［卵黄…1個　ココアパウダー（無糖）…15g］
卵白…1個　砂糖…大さじ1

作り方

❶ **A**を器に入れて電子レンジ600Wに1分ほどかけてとかし、**B**を順番に加えてそのつどまぜる。

❷ ボウルに卵白と砂糖ひとつまみを加えてハンドミキサーで泡立て、白っぽくなったら砂糖の残りをまぜ、メレンゲ（→p.9）をつくって❶にまぜ合わせる。紙をしいた型か耐熱の器に入れて170度のオーブンで約20分焼く。

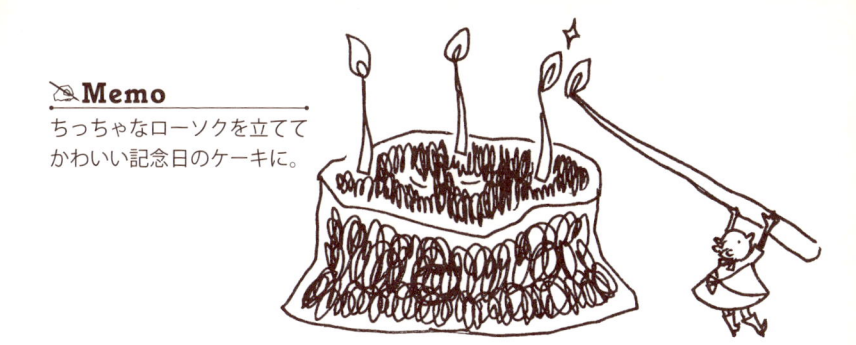

Memo
ちっちゃなローソクを立てて
かわいい記念日のケーキに。

くるみ入りガトーショコラ

材料（直径15cmの丸型か耐熱の器。2人分で1個）
左の「基本のガトーショコラ」と同じ
　+くるみ（ロースト）…50g
　　（ティッシュで塩気をふき、くだく）

作り方
「基本のガトーショコラ」と同じ。
ただし❷で最後にくるみをまぜて焼く。

ガトーショコラのチョコソース

材料（直径15cmの丸型か耐熱の器。2人分で1個）
左の「基本のガトーショコラ」と同じ
　+ソース用に
C［ 板チョコ ▪▪▪ ▪▪▪ …140g（きざむ→p.9）
　　 生クリーム…100ml ］

作り方
❶「基本のガトーショコラ」を焼く。
❷ **C** を器に入れて電子レンジ600Wに2分かけて、スプーンでトロトロにまぜ、ガトーショコラにかける。

チョコ
ブラウニー
5種

基本のブラウニー

材料（天板1枚分）

A ［薄力粉…90g
　　ココアパウダー（無糖）…30g
　　ベーキングパウダー…小さじ1］

B ［板チョコ …140g（きざむ→p.9）
　　バター…120g（1cm角に切る）］

C ［とき卵…2個　砂糖…50g］

むきくるみ（ロースト）…100g
　（ティッシュで塩気をふき、くだく）

作り方

❶ Aは合わせてふるい、Bは器に入れて電子レンジ600Wに2分ほどかけ、スプーンでよくまぜる。

❷ ボウルにCを入れてまぜ、Bとくるみを加えてさらにまぜる。

❸ Aを入れながらまぜ合わせて、クッキングシートかアルミ箔をしいた天板に流し、170度のオーブンで約15分焼く。冷めたら好きなサイズに切りわける。

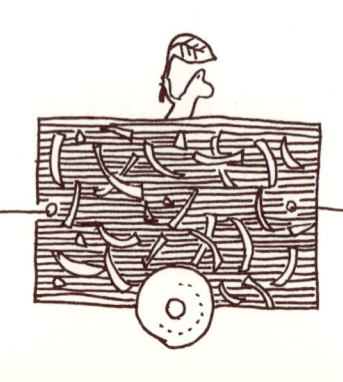

ココナッツブラウニー

材料（天板1枚分）
左の「基本のブラウニー」と同じ
ただし、くるみをココナッツ…80gにかえる。
作り方
左の「基本のブラウニー」と同じ。

ホワイトチョコチップブラウニー

材料（天板1枚分）
左の「基本のブラウニー」と同じ
ただしくるみはのぞき、

D
- ホワイト板チョコ …50g（きざむ→p.9）
- オレンジの皮のすりおろし…1個分
- アーモンド（ロースト）…80g
  （ティッシュで塩気をふき、くだく）

を加える。
作り方
左の「基本のブラウニー」と同じ。
ただし、❷でくるみの代わりにDを加える。

アーモンドブラウニー

材料（天板1枚分）

- **A**
  - 薄力粉…80g　ココアパウダー（無糖）…30g
  - アーモンドパウダー…80g
  - ベーキングパウダー…小さじ1　砂糖…70g
- 卵白　250g
- **B**
  - 板チョコ…70g（きざむ→p.9）
  - バター…100g（1cm角に切る）
- アーモンド（ロースト）…80g
  （ティッシュで塩気をふき、くだく）

作り方

❶ **A**は合わせてふるってボウルに入れ、卵白も入れて泡立て器でよくまぜ合わせる。

❷ **B**を器に入れて電子レンジ600Wに1分30秒ほどかけスプーンでよくまぜ、❶に加えてさらにまぜる。アーモンドも入れてまぜる。

❸ クッキングシートかアルミ箔をしいた天板に❷の生地を流して、170度のオーブンで約15分焼く。冷めたら好きなサイズに切る。

Memo
あまりがちな卵白を使える、お手軽ブラウニー。

くるみ入りヘルシーブラウニー

材料（天板1枚分）

A
- 薄力粉…100g　ココアパウダー（無糖）…50g
- ベーキングパウダー…小さじ1
- インスタントコーヒー…小さじ2
- 砂糖…60g

B
- 卵白…200g　サラダ油…50㎖　牛乳…100㎖
- 板チョコ…50g（きざむ→p.9）
- くるみ（ロースト）…50g
- （ティッシュで塩気をふき、くだく）

作り方

❶ Aは合わせてふるってボウルに入れ、Bを順番に加えてそのつど泡立て器でよくまぜる。

❷ クッキングシートかアルミ箔をしいた天板に流し、170度のオーブンで約15分焼く。冷めたら好きなサイズに切る。

Memo
卵白とサラダ油で仕上げた、ヘルシーブラウニー。

板チョコ Q&A 5

Q. ケーキ型もマフィン型も持っていません。

A. ケーキは耐熱皿でもOK。マフィンはかためのアルミカップや耐熱カップで焼くと、新しいかわいさに出合えます。焼き時間は「竹ぐしをさして生地がついてこなければ焼きあがり」をめやすに。

Part 6

大好きなひとに
プレゼント

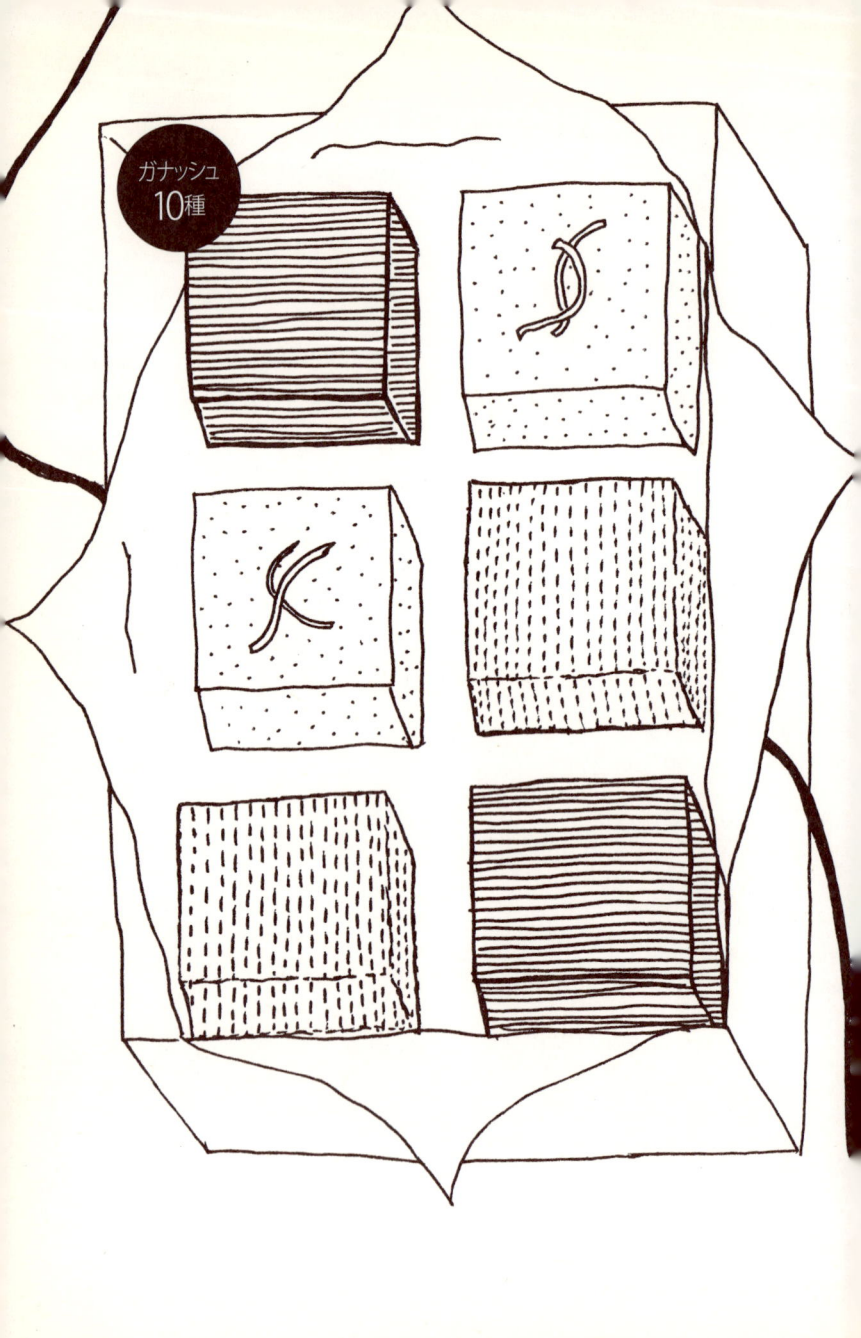

ガナッシュ
10種

基本のガナッシュ

材料（10個分）
Ⓐ[板チョコ ▪▪▪▪ …70g（きざむ→p.9）　生クリーム…40㎖]
ココアパウダー（無糖）…少し

作り方
❶ Ⓐを器に入れて、電子レンジ600Wに1分ほどかけて、スプーンでツヤが出るまでまぜる。
❷ 容量180㎖くらいの四角いタッパーに、クッキングシートをすきまなく十字に入れる。❶を入れて冷蔵庫でかためてはずし、10個に切りわけて1個ずつにココアパウダーをまぶす。

Memo
❶でかたまりが残ったら泡立て器でグルグルとまぜるときれいになります。

黒糖きなこガナッシュ

材料（10個分）
Ⓐ[板チョコ ▪▪▪▪ …70g（きざむ→p.9）　生クリーム…40㎖]
きなこ…20g　黒砂糖（粉）…10g

作り方
上の「基本のガナッシュ」のしあげに、きなこと黒砂糖をよくまぜたパウダーをまぶす。

Memo
パウダーを器に入れ、おはしでころがすと汚れずきれいなしあがりに。

ツートンガナッシュ

材料（15個分）
- **A**[板チョコ ▦…70g（きざむ→p.9）　生クリーム…40㎖]
- **B**[ホワイト板チョコ ▦…60g（きざむ→p.9）
  生クリーム…30㎖]

作り方

❶ **A**を器に入れて、電子レンジ600Wに1分ほどかけ、スプーンでツヤが出るまでまぜる。

❷ 容量180㎖くらいの四角いタッパーに、クッキングシートをすきまなく十字に入れる。❶を入れて冷蔵庫で冷やしかためる。

❸ **B**も❶と同じにとかし、❷の上に流して冷蔵庫で完全にかためる。シートを持ちあげてガナッシュをはずし15個に切りわける。

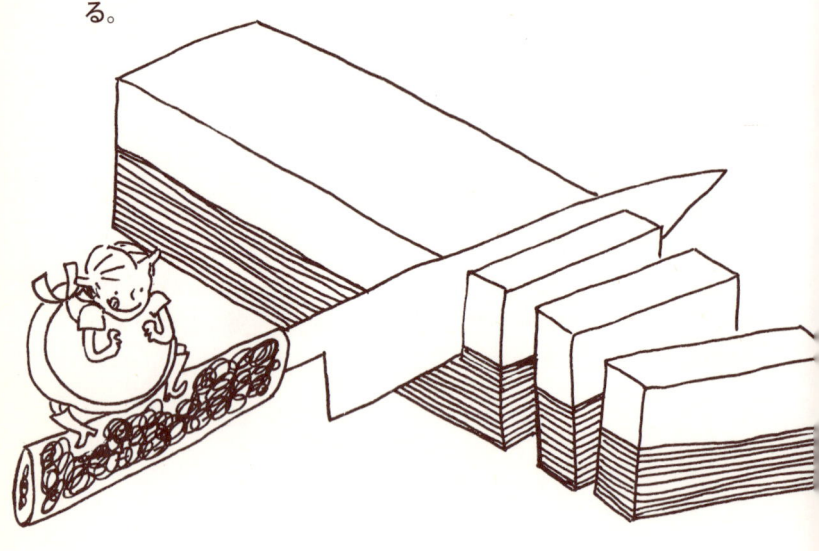

✎Memo
ほかのガナッシュもふくめ、レンジでとかすとき、チョコを煮立たせないこと。

紅茶のガナッシュ

材料（9個分）
板チョコ …70g（きざむ→p.9）
生クリーム…50㎖
アールグレイのティーバッグの茶葉…2g

作り方
❶ 小鍋で生クリームをあたためて茶葉を入れてふたをし、5分ほど蒸らす。
❷ ❶を茶こしに通しながら器に入れて、板チョコも入れる。
❸ 電子レンジ600Wに1分ほどかけ、スプーンでツヤが出るまでまぜる。
❹ 容量180㎖ぐらいの四角いタッパーに、クッキングシートをすきまなく十字に入れる。❸を入れて冷蔵庫で完全に冷やしかためてはずし、9個に切りわける。

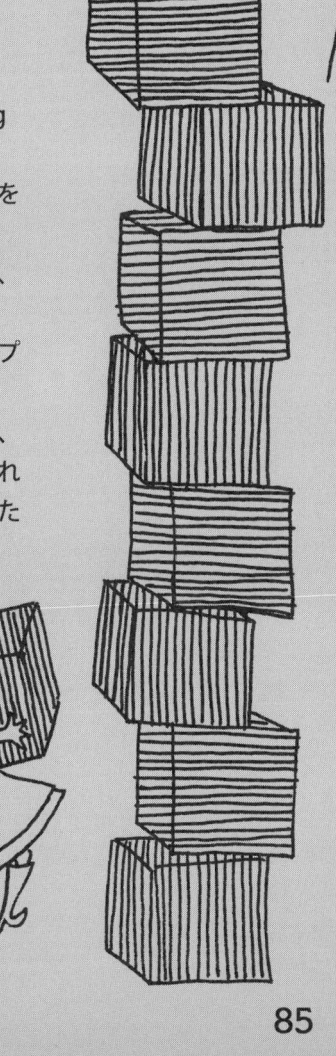

抹茶ガナッシュ

材料（10個分）

A [ホワイト板チョコ …80g（きざむ→p.9）
　　生クリーム…40㎖]

抹茶　しあげ用に少し

作り方

❶ Aを器に入れて電子レンジ600Wに1分30秒ほどかけ、スプーンでツヤが出るまでまぜる。

> **Memo**
> かたまりができたら泡立て器でまぜるとなくなります。

❷ 冷蔵庫に入れて、耳たぶのかたさになったら10個にわける。約15×15㎝のラップでくるんで上をキュッとひねり、冷蔵庫で完全に冷やしかためる。

❸ ラップをはずして抹茶をまぶす。

コーヒーガナッシュ

材料（10個分）

A [ホワイト板チョコ …80g（きざむ→p.9）
　　生クリーム…40㎖　インスタントコーヒー…小さじ1]

あれば麦チョコ…10粒

作り方

上の「抹茶ガナッシュ」の❶、❷と同じ。❸でラップをはずしたら、麦チョコを1個ずつかざる。

いちごガナッシュ

材料（10個分）

A ［ ホワイト板チョコ…80g（きざむ→p.9)
　　生クリーム…40㎖ ］
ドライいちご…20g

作り方
左上の「抹茶ガナッシュ」の❶、❷と同じ。
ただし❶でチョコをとかしたあと、ドライいちごを
まぜる。

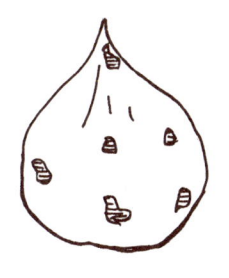

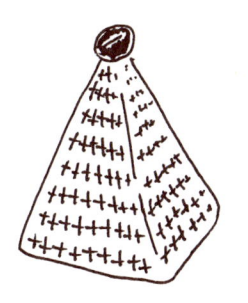

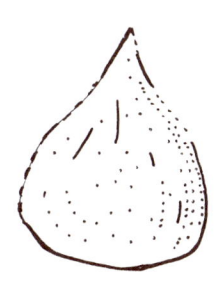

Memo
ブルーベリー、レーズンなどお好み
のドライフルーツで楽しんで。

チーズ入りガナッシュ

材料（12個分）
A[クリームチーズ…50g　砂糖…10g]
B[板チョコ ■■■■…70g（きざむ→p.9）　生クリーム…50㎖]
レーズン…20g　あれば粉砂糖…少し

作り方
❶ Aを器に入れてスプーンでねりまぜ、レーズンもまぜて12個のチーズボールをつくって冷蔵庫で冷やしかためる。
❷ Bを器に入れて電子レンジ600Wに1分ほどかけてスプーンでよくまぜて、冷蔵庫で耳たぶくらいのかたさになるまで冷やして❶をくるみ、粉砂糖をまぶす。

オレンジ風味のガナッシュ

材料（10個分）
A[板チョコ ■■■■…70g（きざむ→p.9）　生クリーム…40㎖]
B[オレンジの皮のすりおろし（白いところをのぞく）…¼個分]
C[オレンジの皮の細切り…かざり用に少し]

作り方
❶ Aを器に入れて電子レンジ600Wに1分ほどかけ、スプーンでツヤが出るまでまぜ、Bも入れてまぜる。
❷ 容量180㎖くらいの四角いタッパーに、クッキングシートをすきまなく十字に入れる。❶を入れて冷蔵庫で冷やしかためる。
❸ シートをもちあげてはずし、10個に切りわけ、Cを上にかざる。

キャラメルピーナッツガナッシュ

材料（10個分）

A［ 板チョコ ▆▆▆▆ …70g （きざむ→p.9）
　　生クリーム…40㎖ ］

B［ キャラメル…4個　生クリーム…10㎖ ］

ピーナッツ…40g
（ティッシュで塩気をふいて、きざむ）

作り方

❶ **A**を器に入れて電子レンジ600Wに1分ほどかけ、スプーンでよくまぜる。**B**も同じくとかして**A**と**B**を合わせ、スプーンでトロトロにまぜる。

❷ 冷蔵庫で耳たぶくらいのかたさにかため、10個のミニボールをつくってピーナッツをまぶし、冷蔵庫で完全に冷やしかためる。

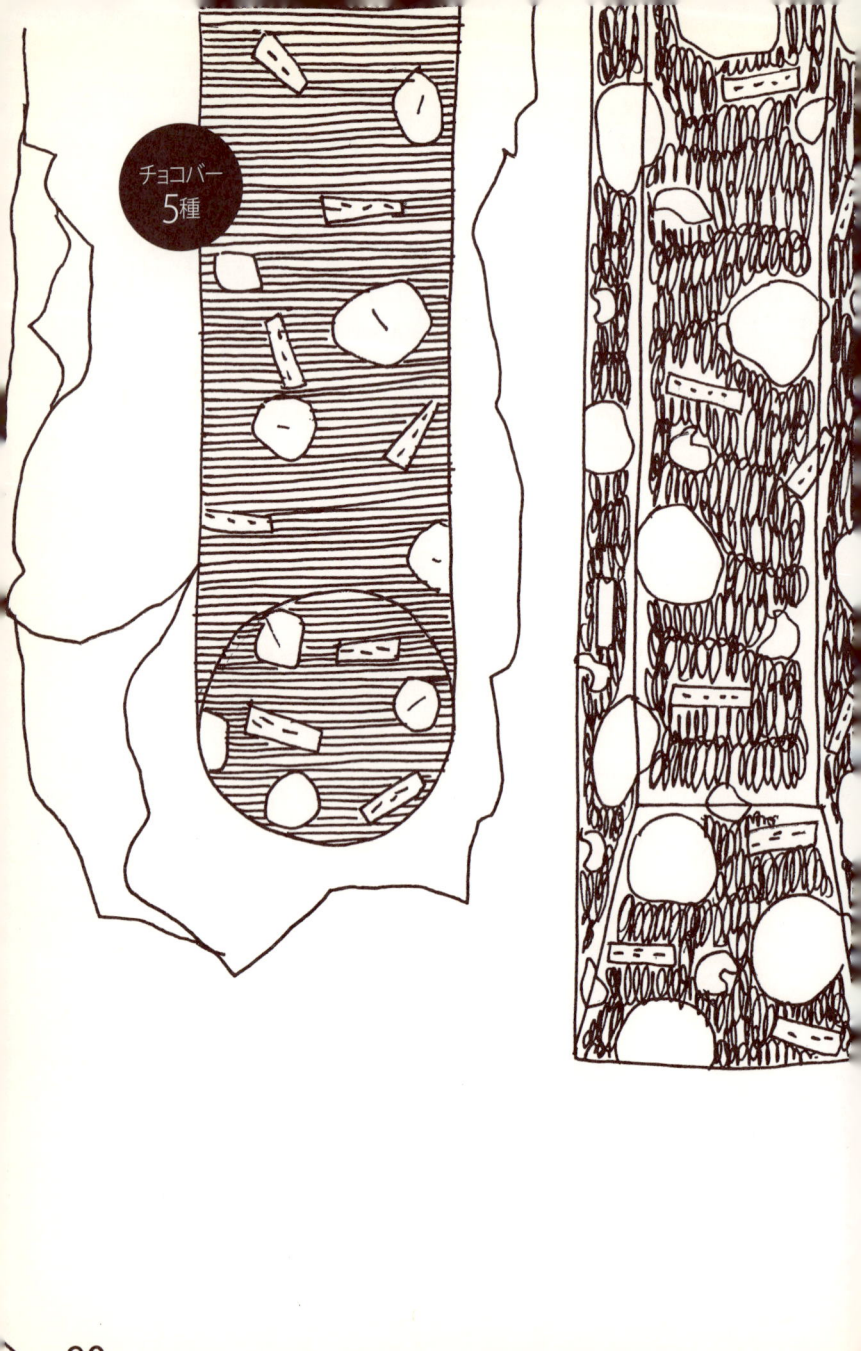

チョコバー
5種

アーモンドチョコバー

材料
- **A**［板チョコ ▦…70g（きざむ→p.9）　熱湯　大さじ2 ］
- **B**［マリービスケット…5枚（くだく）
  アーモンド（ロースト）…15粒
  （ティッシュで塩気をふいて、くだく）］

作り方

❶ **A**を器に入れて電子レンジ600Wに1分30秒かけ、スプーンでトロトロにまぜて、**B**をまぜる。冷蔵庫で耳たぶくらいにかためる。

❷ ラップに❶をのせ、直径4cmぐらいの丸太か角柱の形にととのえて冷蔵庫で約2時間、しっかり冷やしかためる。ナイフで好きな大きさに切る。

マシュマロチョコバー

材料
- **A**［板チョコ ▦…70g（きざむ→p.9）　熱湯　大さじ2 ］
- **B**［マリービスケット…2枚（くだく）
  くるみ（ロースト）…30g
  （ティッシュで塩気をふいて、くだく）
  マシュマロ…15g］

作り方

上の「アーモンドチョコバー」と同じ。

ココナッツチョコバー

材料

A [板チョコ ▦▦▦ …70g（きざむ→p.9）　熱湯　大さじ2]

B [マリービスケット…3枚（くだく）
ココナッツ…30g（きざむ）
レーズン…30g]

作り方

p.91「アーモンドチョコバー」と同じ。

ホワイトチョコバー

材料

A [ホワイト板チョコ …100g（きざむ→p.9）
熱湯…大さじ2]

B [マリービスケット…5枚（くだく）
くるみ（ロースト）…30g
（ティッシュで塩気をふいて、くだく）]

作り方
p.91「アーモンドチョコバー」と同じ。

フルーツチョコバー

材料

A [ホワイト板チョコ …100g（きざむ→p.9）
熱湯…大さじ2]

B [マリービスケット…3枚（くだく）
干しあんず…40g（きざむ）]

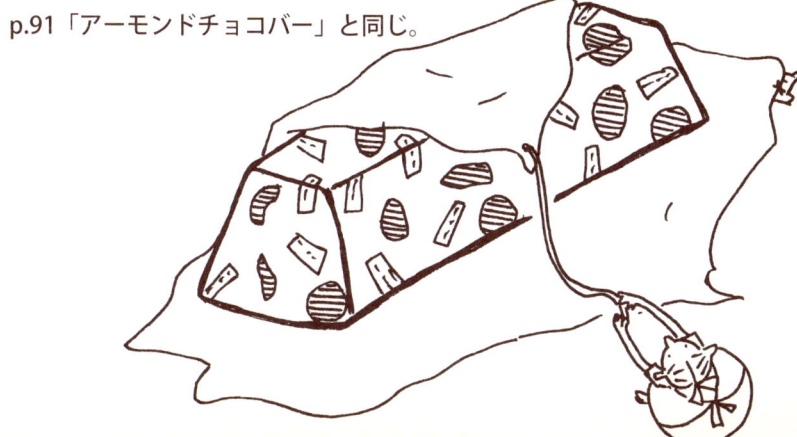

作り方
p.91「アーモンドチョコバー」と同じ。

ドロップ
チョコ
5種

ホワイトドロップチョコ

基本のドロップチョコ

バナナドロップチョコ

ココナッツドロップチョコ

くるみドロップチョコ

基本のドロップチョコ

材料（15個）
A [板チョコ…70g（きざむ→p.9）　熱湯…大さじ2]
B [シリアル（プレーン）…40g]

作り方
❶ Aを器に入れて、電子レンジ600Wに約1分30秒かけ、スプーンでトロトロにまぜる。
❷ Bを入れてチョコレートを全体にからませる。スプーンですくって、ラップかアルミ箔の上にポトンとおとし、15個ぐらい並べて冷蔵庫でかためる。

くるみドロップチョコ

材料（15個）
A [板チョコ…70g（きざむ→p.9）　熱湯…大さじ2]
B [シリアル（プレーン）…25g
　　くるみ（ロースト）…40g
　　　（ティッシュで塩気をふいて、くだく）]

作り方
上の「基本のドロップチョコ」と同じ。

バナナドロップチョコ

材料（15個）
Ⓐ［板チョコ…70g（きざむ→p.9）　熱湯…大さじ2 ］
Ⓑ［バナナチップ（くだく）…60g ］
作り方
左上の「基本のドロップチョコ」と同じ。

ホワイトドロップチョコ

材料（15個）
Ⓐ［ホワイト板チョコ…100g（きざむ→p.9）
　　熱湯…大さじ2 ］
Ⓑ［シリアル（フルーツグラノーラ）…60g ］
作り方
左上の「基本のドロップチョコ」と同じ。

ココナッツドロップチョコ

材料（15個）
Ⓐ［ホワイト板チョコ…100g（きざむ→p.9）
　　熱湯…大さじ2 ］
Ⓑ［ココナッツビスケット…40g（くだく）
　　ココナッツ（きざむ）…20g　レーズン…30g ］
作り方
左上の「基本のドロップチョコ」と同じ。

ラッピング
アイディア

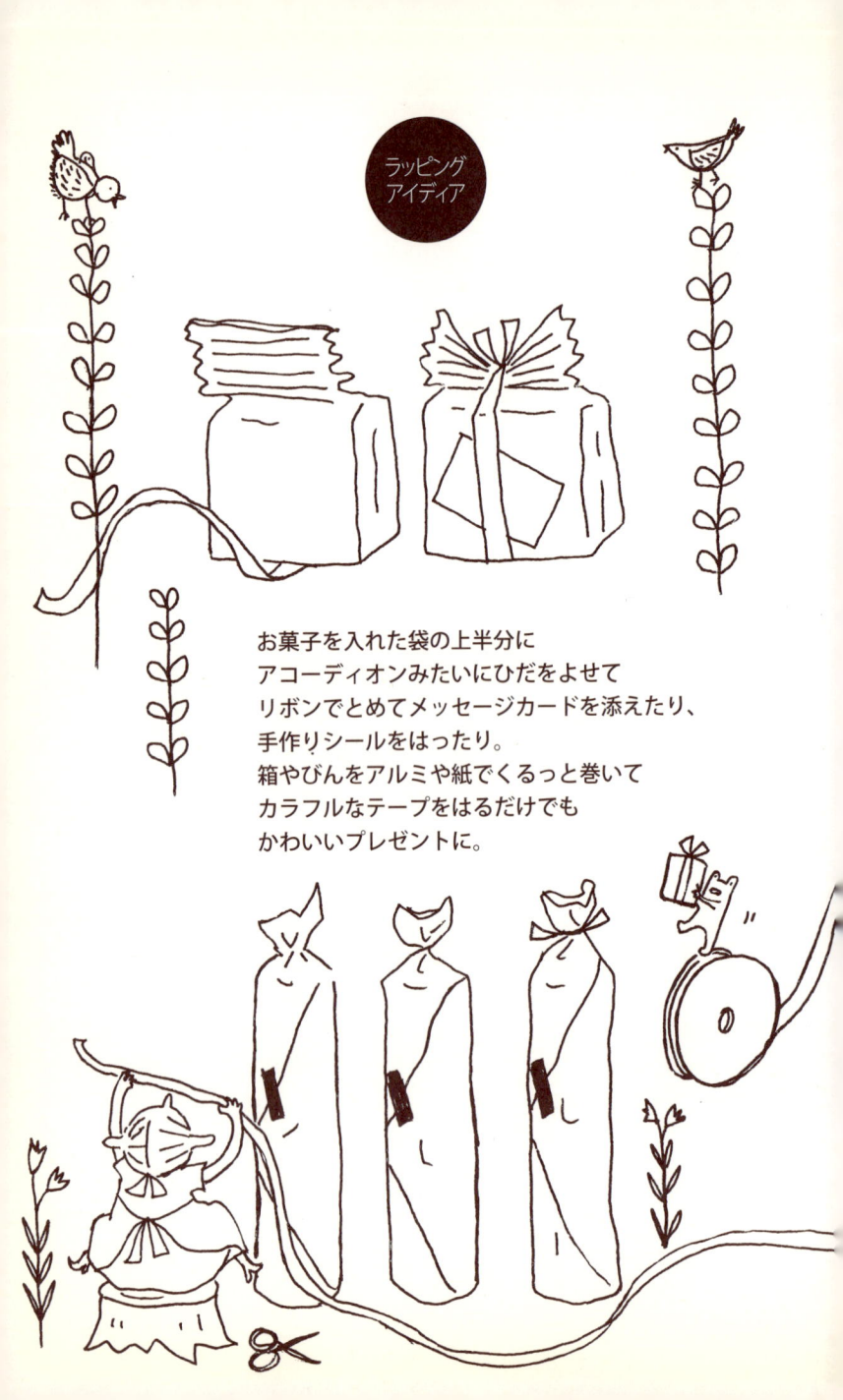

お菓子を入れた袋の上半分に
アコーディオンみたいにひだをよせて
リボンでとめてメッセージカードを添えたり、
手作りシールをはったり。
箱やびんをアルミや紙でくるっと巻いて
カラフルなテープをはるだけでも
かわいいプレゼントに。

厚紙に穴をあけてラフィアや
ひもを通すのもいいし、カップごと
袋に入れてラッピングしたり、
布をリボンにして結んだり、
自然の小枝や草花やどんぐりも
すてきなアクセントに。

板チョコ **Q & A** ⑥

Q. あまったクッキーやブラウニーの保存方法は?

A. クッキーはタッパーや密封できるびんに、できれば乾燥剤もいっしょに保存します。くっつきやすいブラウニーやしっとり生地のケーキ、マフィンなどは、ひときれずつラップにぴっちり包んで冷凍します。

Part 7

おひさまのしたで

基本のチョコドーナッツ

チョコドーナッツ5種

材料（12個分）

A［ 薄力粉…200g　ベーキングパウダー…小さじ1と½ ］
B［ とき卵…1個　砂糖…50g　牛乳…大さじ3
　　とかしバター…40g　バニラエッセンス…2〜3滴 ］
板チョコ…12かけ　サラダ油…適量

作り方
❶ ボウルに🅱を順番に入れてそのつど泡立て器でまぜ、合わせてふるった🅰を加えてさらにまぜる。
❷ 生地がまとまったらビニール袋に入れ、1〜1.5cmの厚さになるように上から手で押さえつける。そのまま冷凍庫で30分冷やす。
❸ 直径6cmにくりぬき、その真ん中を1.5cmくらいに丸く抜く。
❹ 170度くらいにあたためたサラダ油で、両面を色よくあげる。
❺ あたたかいうちに、ドーナッツの上に1かけずつチョコをこすりつけるか、p.96「基本のドロップチョコ」❶のチョコソースをかける。

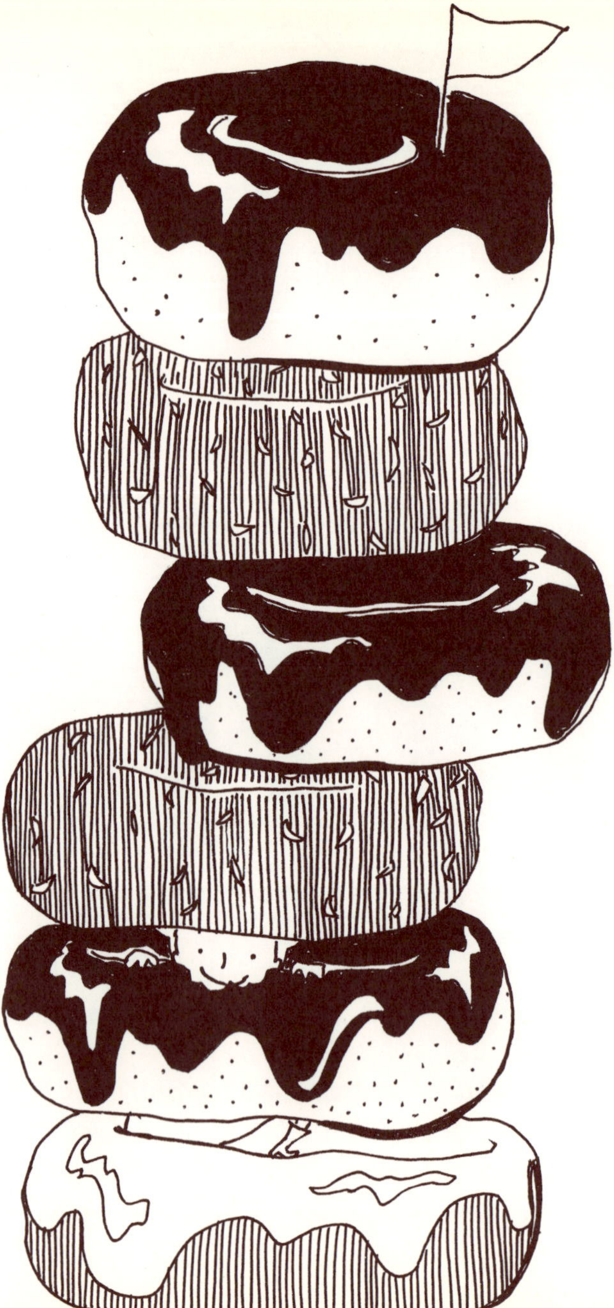

チョコチップドーナッツ

材料（12個分）

A［ 薄力粉…200g　ベーキングパウダー…小さじ1と½ ］
B［ とき卵…1個　砂糖…50g　牛乳…大さじ3
　　とかしバター…40g　バニラエッセンス…2〜3滴 ］
板チョコ…70g（きざむ→p.9）　サラダ油…適量
作り方　p.103「基本のチョコドーナッツ」の❶〜❹と同じ。ただし❶で最後にチョコを加えてまぜ、生地をまとめる。

ダブルチョコドーナッツ

材料（12個分）

上の「チョコチップドーナッツ」の材料
　＋板チョコ…12かけ
作り方　上の「チョコチップ…」のしあげにチョコをこすりつける。

ココナッツドーナッツ

材料（12個分）

上の「ダブルチョコドーナッツ」の材料＋きざんだココナッツ少し
作り方　上の「ダブルチョコ…」のしあげにココナッツをまぶす。

シナモン入りホワイトチョコドーナッツ

材料（12個分）

上の「チョコチップドーナッツ」の材料
　＋**A**［ ココアパウダー（無糖）…15g
　　　シナモンパウダー…小さじ⅕ ］
ただし板チョコは、ホワイトチョコ12かけを用意する。
作り方　p.103「基本のチョコドーナッツ」と同じ。

チョコ
スコーン
5種

基本のチョコスコーン

材料（7個分）

A [薄力粉…200g　ベーキングパウダー…小さじ1]
　[砂糖…40g　塩…ひとつまみ]
バター…80g
B [とき卵…1個　バニラエッセンス…2〜3滴]
板チョコ …7かけ

作り方
❶ Aを合わせてふるい、ボウルに入れる。
❷ 冷えたバターを1cm角に切って加え、木ベラでバターを切りこんでいくようにして、サラサラになるまでまぜる。
❸ Bを加えてまぜ、生地がまとまったら直径約6cmの丸太の形にのばし、冷凍庫で30分冷やしてから2cmの厚さに切る。
❹ 180度のオーブンで25～30分焼く。
❺ 熱いうちに板チョコを1かけずつのせて、スプーンでのばすようにしてとかす。

オレンジチョコスコーン

材料（7個分）
- **A**[薄力粉…200g　ベーキングパウダー…小さじ1
       砂糖…20g　塩…ひとつまみ]
- バター…70g
- **B**[とき卵…1個　オレンジピール（きざむ）…20g]
- 板チョコ …7かけ

作り方
p.107「基本のチョコスコーン」と同じ。

チョコチップスコーン

材料（7個分）
- **A**[薄力粉…200g　ベーキングパウダー…小さじ1
       砂糖…40g　塩…ひとつまみ]
- バター…80g
- **B**[とき卵…1個　バニラエッセンス…2〜3滴]
- 板チョコ …50g（きざむ→p.9）

作り方
p.107「基本のチョコスコーン」の❶〜❹と同じ。ただし❸では❷を加えてまぜ、生地がまとまったらチョコを加える。

アーモンドチョコスコーン

材料（7個分）
右の「ダブルチョコスコーン」と同じ。さらにアーモンド（ロースト）30g（ティッシュで塩気をふいて、くだく）を加える。

作り方
右の「ダブルチョコスコーン」と同じ。ただし、❸で最後にアーモンドをまぜて、生地をまとめる。

ダブルチョコスコーン

材料（7個分）

A [薄力粉…200g　ココアパウダー（無糖）…25g
　　塩…ひとつまみ　ベーキングパウダー…小さじ1
　　砂糖…40g]

バター…70g

B [とき卵…1個　牛乳…大さじ1]

板チョコ…60g（きざむ→p.9）

作り方

p.107「基本のチョコスコーン」の❶〜❹と同じ。ただし❸ではBを加えてまぜ、生地がまとまったらチョコを加える。

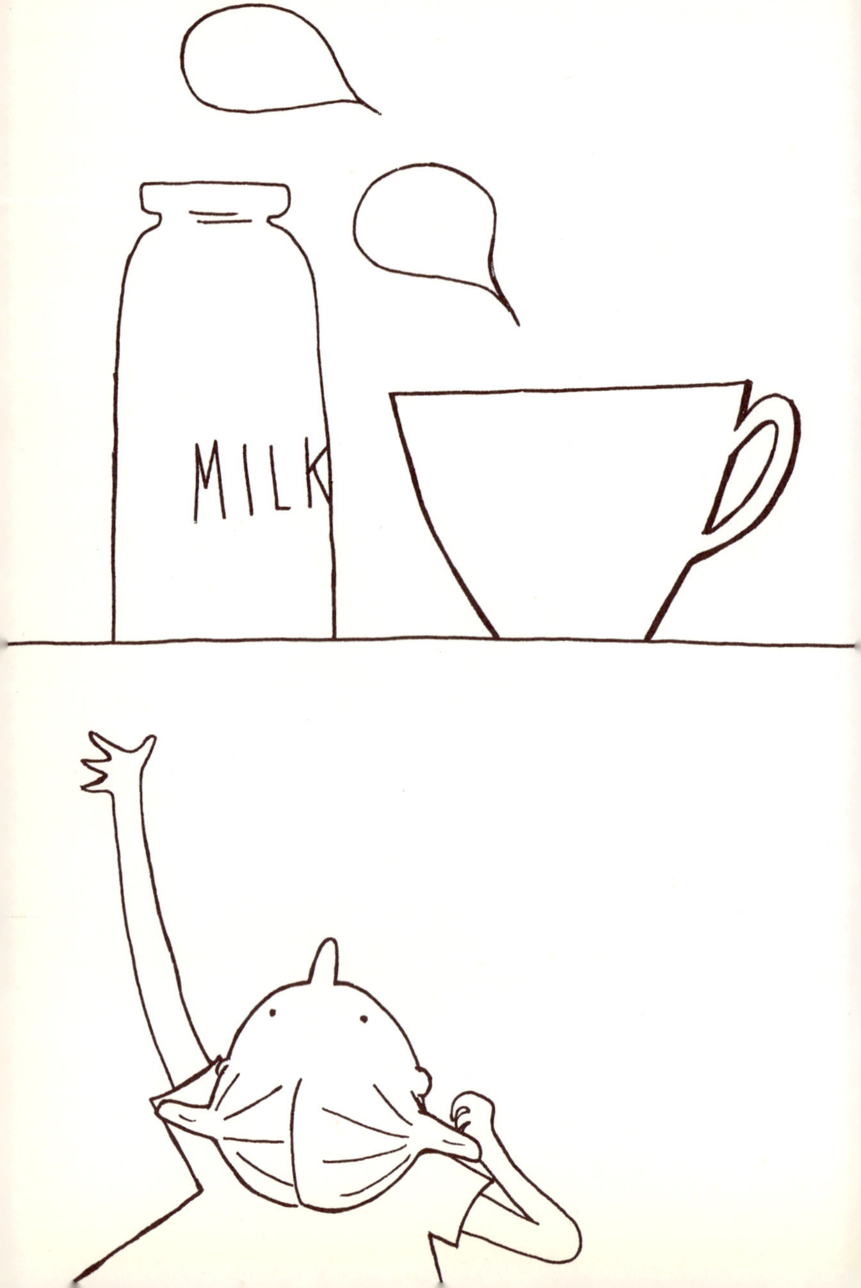
MILK

Satomi
Ogawa

小川 智美 ［おがわ さとみ］
福岡県久留米市生まれ・在住。「おいしいお菓子を作る人になる」という小さい頃からの夢をかなえるため、九州大学を中退して平成9年、洋菓子の店「森のわすれもの」をオープン。姉・友里、妹・優佳と3姉妹で力を合わせて店を切り盛りしつつ、よりおいしいお菓子を作ろうと情熱を燃やす日々。イラスト、エッセイの名手でもあり、著書に『お菓子1年生』『はじめてさんのお菓子作り』（以上主婦の友社）、『友里、智美、優佳のお菓子三姉妹』（講談社）。

- 製作協力 ★ 小川友里、小川優佳
- 企画・構成・編集 ★ 日高あつ子
- ブックデザイン ★ 小沢 茜

板(いた)チョコから100のお菓子(かし)
2003年12月25日　第1刷発行

著者	小川智美(おがわさとみ)
発行者	瀬谷直子
発行所	瀬谷出版株式会社
	〒102-0084 東京都千代田区二番町11-9-103
	電話 03-5211-5775　FAX 03-5211-5322
印刷・製本	株式会社平河工業社

落丁本・乱丁本はお取り替えいたします。
本書の無断複写（コピー）は著作権法上での例外を除き、禁じられています。
ISBN4-902381-01-X C0077
定価はカバーに表示してあります。
© Satomi Ogawa 2003 Printed in Japan